내 이름은
직지

아이스토리빌 21

내 이름은 직지

초판 10쇄 발행 | 2024년 10월 16일

글 | 이규희
그림 | 김주경

펴낸이 | 도승철
펴낸곳 | 밝은미래
등 록 | 2005년 5월 2일 (제105-14-87935호)
주 소 | 경기도 파주시 회동길 349 3층
전 화 | 031-955-9550
팩 스 | 031-955-9555
홈페이지 | http://www.bmirae.com 인스타그램 | @balgeunmirae1
편집 | 송재우 디자인 | 권영진
마케팅 | 김경훈 경영지원 | 강정희

ⓒ 이규희·밝은미래, 2014

ISBN 978-89-6546-153-1 73810
ISBN 978-89-92693-30-1 (세트)

※이 책 내용의 일부 또는 전부를 재사용하려면 반드시 저작권자와 출판사의 동의를 얻어야 합니다.
책에 대한 단순 서평 수준을 넘어서는 내용을 SNS나 사진, 영상 등으로 출판사의 동의 없이 배포하는 것은
저작권법에 저촉될 수 있습니다.
※책값은 뒤표지에 있습니다.

이 책에 사용된 사진은 저작권자에게 허락을 받아 게재했습니다.
저작권자와 초상권자를 찾지 못한 사진은 연락 주시면 확인되는 대로 통상의 저작권료를 지급하여 허락받겠습니다.
사진 및 자료: 청주 고인쇄 박물관, 연합뉴스

천년의 숨결을 간직한 우리 문화유산

내 이름은 직지

이규희 글 | 김주경 그림

밝은미래

|작가의 말|

《직지》가 돌아올 그날을 기다리며

　2001년 9월 4일, 온 나라 사람들이 기쁨에 들썩였어요. 《직지》가 지금까지 남아 있는 기록물 중에서 세계에서 가장 오래된 금속 활자본이라는 가치를 인정받아 '유네스코 세계 기록 유산'에 등재된 날이거든요.
　원래 《직지》는 승려 백운화상이 불자들이 쉽게 읽고 마음을 닦을 수 있도록 부처와 유명 승려들의 설법이나 가르침 중에서 중요한 것들을 모아 놓은 책이었어요. 그걸 고려 우왕 3년인 1377년, 청주 근방 흥덕사라는 절에서 금속 활자본으로 펴낸 거랍니다. 고려 시대 금속 활자 인쇄술의 우수성을 보여 주는 귀한 책이지요.
　하지만 안타깝게도 《직지》는 우리나라에 없어요. 프랑스 국립 도서관에 보관된 이 책을 박병선 박사가 찾아낸 거랍니다. 박병선 박사는 병인양요 때 약탈당한 외규장각 도서를 145년 만에 우리나라로 가져오는 데 일등 공신이었던 바로 그 분이에요. 박병선 박사는 《직지》를 되찾기 위해 애썼지만 결국 그 뜻을 이루지 못했어요. 외규장각 도서는 프랑스가 약탈해 간 것이지만, 《직지》는 우리나라 사람에게서 구입해 온 책이라 프랑스 소유물이 되었다는 이유였지요.
　나는 안타깝고 애틋한 마음을 담아 프랑스 국립 도서관에 혼자 남은 《직지》

의 이야기를 써 보기로 했어요. 흥덕사에서 태어난 《직지》가 어디서 무엇을 하다가 프랑스까지 가게 되었는지, 도서관 서가의 귀퉁이 자리를 지키다가 박병선 박사를 만나게 된 일이며 그 뒤로 벌어진 일들을 《직지》를 주인공으로 해서 글로 옮겼어요.

 《내 이름은 직지》를 쓰는 동안 나 역시 《직지》의 흔적을 찾아 나섰어요. 이 책이 태어난 흥덕사 터에 가서 그 시절 고려 장인들의 망치질 소리를 느껴보고, 청주 고인쇄 박물관에서 오롯이 되살린 당시 모습들을 보며 이야기를 만들어 나갔어요. 하지만 700여 년 동안 《직지》가 겪었던 시간의 발자취를 따라가는 일은 결코 만만치 않았어요.

 그러던 어느 날 나는 흠칫 놀랐어요. 어느 순간 마치 《직지》가 자기가 겪은 일들을 들려주는 것처럼 나도 모르게 점점 그 이야기를 따라가고 있었거든요. 그래요. 어쩌면 《직지》도 자기가 겪은 이야기를 누군가에게 들려주고 싶었던 게 아닐까요?

 《내 이름은 직지》를 통해 《직지》의 이야기를 어린이들에게 전하게 되어 기뻐요. 이제 나의 또 다른 바람은 《직지》가 하루빨리 우리나라로 돌아오는 거예요. 그리고 《직지》 상권은 물론, 또 다른 《직지》를 찾게 되기를 바라고 있어요. 아마도 이건 우리 모두의 꿈일 거예요.

2014년 가을
이규희

|차례|

작가의 말 … 8

 내가 꿈을 꾸는 걸까? … 13

 내 이름은 직지 … 26

 나를 알아주는 사람들 … 37

 어두컴컴한 상자 속에서 … 64

 여기저기를 떠도는 우리 … 76

 짝꿍아, 어디 있니? … 96

 머나먼 프랑스로의 여행 … 105

 다시 만나게 될 그날까지 … 120

들려오는 기쁜 소식들 … 128

부록 위대한 문화유산 《직지》 … 142

# 내가 꿈을 꾸는 걸까?

나는 여느 때처럼 깊은 잠에 빠져들었어요. 언제부터인지 깨어 있을 때보다 세상모르게 잠을 자는 시간이 많아졌어요. 켜켜이 쌓인 먼지를 이불처럼 뒤집어쓴 채 말이에요.

그러던 어느 날 누군가 나를 만지는 손길이 어렴풋이 느껴졌어요. 그 사람은 마치 내가 소중한 물건이라도 되는 양 아주 조심스럽게 서가에 꽂힌 나를 꺼냈어요.

"누구지? 아무도 거들떠보지 않던 나를 찾아온 사람이."

나는 잠결에 부스스 깨어나 내 앞에 선 사람을 바라보았어요. 그러다가 그만 내 눈을 의심했어요.

"다, 달래니?"

그윽한 눈빛으로 나를 바라보는 사람은 틀림없는 달래였어요. 어여쁜 얼굴에 주름이 지고, 짤막해진 머리 곳곳이 희끗희끗하게 세었지만, 동그란 얼굴이며 초승달 같은 눈매, 야무진 입매가 영락없는 달래였어요.

"설마 꿈은 아니겠지?"

나는 그토록 기다리던 달래를 보자 정신을 차릴 수가 없었어요. 하지만 곧 내가 사람을 잘못 봤다는 걸 알았어요. 생김생김은 영락없이 달래를 닮긴 했지만 달래일 리가 없었거든요.

"그래, 달래랑 헤어진 지 벌써 몇 백 년이 지났는데 달래가 나를 찾아올 리가 없지. 그렇다면 달래를 쏙 빼닮은 이 아주머니는 누구지?"

그제야 정신을 차린 나는 아주머니 얼굴을 빤히 바라보았

요. 어서 그 아주머니가 자신이 누구인지 이야기해 주기를 바라면서 말이에요.

"세상에! 이건 틀림없는 우리나라 책이야! 함께 일하는 사서가 여기에 오래된 중국 책 한 권이 있으니 가 보라고 해서 왔더니, 이렇게 귀한 책이 여기 아무렇게나 꽂혀 있었다니!"

나를 이리저리 살피던 아주머니는 눈언저리가 빨개진 채 혼잣말을 했어요.

"도대체 누구지?"

나는 그 아주머니가 어떤 사람인지 점점 더 궁금해졌어요.

눈물을 글썽이며 책장을 넘기던 아주머니의 손이 마지막 장에 멈추었어요. 아주머니는 잠시 목소리를 가다듬고 다시 말했어요.

"그래, 틀림없어. 여기 적힌 대로라면 '선광 7년'은 고려 우왕 때인 1377년이고, '청주목외 흥덕사'는 청주 근방 어딘가에 있던 흥덕사라는 절을 의미하는 거지. 그리고 '주자인시'라는 건 금속 활자로 인쇄를 했다는 뜻이야. 그렇다면 이 책은 구텐베르크의 《42행 성서》보다 78년이나 앞서 금속 활자로 찍어 냈다는 거잖아. 내가 프랑스 도서관에서 일하며 그토록 우리의 고서들을 찾아 헤맸건만 이렇게 귀한 책이 여기서 먼지를 뒤집어쓰고 있는 줄도 몰랐다니! 미안하구나, 미안해. 아, 이제라도 널 만나 정말 다행이야."

아주머니는 나를 가슴에 꼭 안고 눈물을 흘렸어요. 하지만 더 놀란 건 나였어요.

"앗, 이 아주머니가 나를 알아보다니!"

나는 숨을 쉴 수도 없을 만큼 가슴이 벅차올랐어요. 비록 달래는 아니었지만, 너무나도 오랜만에 나를 알아봐 주는 사람을 만났으니까요.

"아아, 이제 염려 마. 내가 널 세상에 알릴 거야. 그래서 네가 우리나라를 빛낼 귀한 책이라는 걸 세상 사람들에게 알릴 거야. 그게 바로 내가 해야 할 일이란다."

아주머니는 나를 가슴에 꼭 안은 채 마치 나에게 늘려주듯 말했어요. 모처럼 나는 그 옛날 달래 품에 안겼을 때처럼 마냥 행

복했어요.

"그런데 넌 어쩌다가 프랑스까지 오게 되었니? 그리고 우리가 여기 프랑스 국립 도서관에서 만나기까지 대체 어떤 일을 겪었던 거니? 그래, 내가 그것도 다 밝혀낼 거야. 너를 찍어 낸 흥덕사가 청주 어디쯤 있던 절인지, 그것도 알아보고……. 그래서 네가 우리나라로 돌아갈 수 있도록 해야겠어."

아주머니는 나를 보며 중얼거렸어요.

나는 아주머니의 말 속에서 내가 태어난 흥덕사가 이미 사라지고 없다는 걸 알았어요. 무척 안타까웠지만 유난히 반짝이는 아주머니의 눈빛을 보니, 어쩐지 믿음직스러워 위로가 되었지요.

그 뒤로 아주머니는 하루가 멀다 하고 날 찾아왔어요.

나는 서가에 꽂힌 이 책 저 책이 들려주는 이야기를 통해 그 아주머니가 어떤 사람인지 알게 되었어요. 조선, 아니 이제는 일본으로부터 해방된 대한민국에서 왔고, 여기 프랑스 국립 도서관에서 사서로 일하는 '박병선' 박사래요. 오랜 책들을 따스한 손길로 어루만져 주는 박병선 박사는 책들 사이에서도 인기가 좋았어요.

"박사님처럼 훌륭한 분이라면 분명 나를 구해 주실 거야."

나는 정말 오랜만에 가슴이 뛰었어요. 내가 태어난 나라, 너무나 오랫동안 가 보지 못한 나라, 어딘가에 내 짝꿍이 살아 있을 나라, 달래를 만났던 그 나라로 돌아가고 싶다는 간절한 꿈이 이뤄질지 모른다는 생각이 들었거든요. 게다가 이렇게 먼지를 뒤집어쓴 채 서가에 꽂혀 있는 건, 나를 쓴 '백운화상'의 뜻이 아니라는 걸 알기 때문이에요. 사람들 손에서 손으로 전해져 많은 사람들이 나를 읽고 마음을 닦는 일, 그게 바로 내가 할 일이라는 것도요.

"박사님, 제발 나를 꼭 데려다 주세요!"

나는 나이가 500살이 넘었지만 어린아이처럼 졸라 댔어요.

그러던 어느 날, 박병선 박사는 그 어느 때보다 들뜬 얼굴로 나를 찾아왔어요.

"다가오는 '세계 도서의 해'를 맞아, 우리 도서관에 있는 희귀본, 귀중본들을 모아 '책의 역사'라는 전시회를 열기로 했단다.

이 전시회에 내가 너를 꼭 내보낼 거야. 그렇게 되면 프랑스는 물론 대한민국, 그리고 전 세계 사람들이 깜짝 놀랄 테지. 네가 우리나라로 다시 돌아갈 수만 있다면 얼마나 좋을까."

마침내 1972년 봄, 나는 '제1회 세계 도서의 해'를 맞아 프랑스 국립 도서관에서 열린 전시회에 모습을 나타냈어요. 그 자리에는 아주 귀한 책들이 함께 전시되었지요. 기원전 2000년경, 이집트에서 파피루스에 쓴 세계에서 가장 오래된 필사본도 있었어요. 물론 독일 마인츠에서 금속 활자로 인쇄한 구텐베르크의 《42행 성서》도 있었고요. 하지만 전시장에 모인 사람들의 눈길을 사로잡은 건 바로 나였어요.

"이건 대한민국의 고려 시대 흥덕사라는 절에서 1377년 금속 활자로 찍어 낸 《직지》라는 책입니다. 1455년 무렵에 찍어 낸 구텐베르크의 《42행 성서》보다 앞서 나온 책이지요. 이제 우리는 최초로 금속 활자를 발명한 영광을 그 주인인 대한민국에게 내줘야만 합니다."

전시회를 기획한 프랑스 도서관장이 방송국 기자들 앞에서 말했어요. 모두 박병선 박사가 자랑스레 일러 주었던 내용이지요. 여기저기서 탄성이 터져 나왔어요.

"이 책이 정말 금속 활자로 찍어 낸 최초의 책입니까?"

"네, 그렇습니다. 이 책에는 분명한 연대며, 찍어 낸 방법, 찍어 낸 장소까지 상세하게 기록되어 있습니다."

"세상에!"

사람들은 너무 놀란 나머지 벌어진 입을 다물지 못했어요.

"그렇다면 그 책이 금속 활자로 찍어 냈다는 걸 어떻게 증명할 수 있습니까?"

한 외국인이 따지듯 물었어요.

"네, 저는 《직지》가 금속 활자로 찍어 낸 책이라는 걸 증명하기 위해 숱한 연구를 했어요. 감자와 지우개, 무, 나무 등을 이용해 직접 활자를 만들어 실험했고요. 그 결과 《직지》가 목판본이 아니라는 걸 알아냈지요. 목판본은 나무에다 글자를 새겨서 만들기 때문에 글자의 행이 비교적 고르지만, 글자에 나뭇결 무늬와 칼자국이 남거든요. 그 대신 금속 활자로 찍어 낸 책은 만드는 과정에서 공기가 들어간 흔적이나 약간의 티가 생기기도 하지요. 여기서 저는 《직지》가 목판본이 아니라 금속 활자본이라는 확신이 들었어요. 납 활자를 직접 만들어 보는 실험을 하려고 가스레인지에 납을 녹이다가 집에 불이 날 뻔도 했답니다. 그것도 세 번씩이나요! 어쨌든 저는 《직지》가 금속 활자로 찍어 냈다는 증명을 해내고야 말았답니다."

"하하하, 정말 대단한 집념이십니다!"

모여 선 사람들이 한바탕 웃음을 터뜨렸어요.

나는 한껏 들뜬 얼굴로 그들의 표정을 바라보았어요. 그중에서도 특히 나를 기쁘게 한 건 멀리 대한민국에서 나를 보러 온 낯익은 얼굴들, 낯익은 말소리들이었어요. 그동안 내가 프랑스 국립 도서관에 있는지조차 몰랐던 사람들은 흥분과 감동을 감추지 못했어요. 나와 박병선 박사를 취재하러 온 방송국, 신문사 기자들도 많았어요.

"이번 전시회를 통해 《직지》가 구텐베르크의 《42행 성서》보다 78년이나 앞서 금속 활자로 찍어 낸 책이라는 걸 인정받았

으니, 이제 《직지》는 대한민국뿐 아니라 전 세계의 보물이 되었답니다. 지금은 비록 하권 한 권뿐이지만 온 국민이 힘을 합해 나머지 상권까지 찾을 수 있기를 바라는 마음이 간절하군요. 이제부터 제가 할 일은 《직지》뿐 아니라, 병인양요 때 프랑스에게 빼앗긴 외규장각 도서를 찾는 일입니다."

박병선 박사는 힘주어 말했어요.

"정말 대단하십니다!"

"그 작은 체구 어디에 그런 뚝심이 숨어 있으신지!"

둘러섰던 사람들은 모두 박병선 박사를 향해 격려의 박수를 보냈어요. 그 사람들이 박병선 박사에게 '직지 대모'라는 별명을 붙여 줄 정도였어요.

"대모라고? 그렇다면 엄마라는 뜻이잖아. 하하, 나보다 몇 백 살이나 어린 엄마지만 그래도 좋구나! 엄마가 생겼으니 이젠 든든한걸!"

나는 점점 마음이 들떴어요.

"이제 됐다, 됐어! 난 곧 돌아가게 될 거야. 저렇게 수많은 기자들이 나를 취재했으니 곧 대한민국에서 나를 데리러 오겠지! 짝꿍아, 너도 내 소식을 들었니? 조금만 기다리렴. 우리는 곧 만나게 될 거야!"

나는 헤어진 짝꿍이 듣기라도 하듯 잔뜩 들뜬 마음으로 소리쳤어요. 그러자 문득 지금까지 지내 온 일들이 하나둘 떠올랐어요. 나는 마치 누군가에게 옛이야기를 들려주듯 천천히 내 이야기 속으로 빠져들었어요.

# 내 이름은 직지

분홍 목백일홍이 환하게 핀 절 마당이 눈에 들어왔어요.

내 몸에서는 닥종이 향내가 은은히 풍겨 오고, 비단으로 감싼 노란 치자색 겉표지에는 능화판 무늬가 곱게 새겨졌어요.

"묘덕 스님, 드디어 우리가 해냈습니다, 해냈어요!"

한 스님이 나를 들고 눈시울을 붉혔어요.

이제 갓 세상에 태어난 나는 무슨 영문인지 알 수가 없어 얼떨떨할 뿐이었지요.

"그러게요. 큰스님이 여주 취암사에서 입적하신 지 벌써 3년째군요. 그동안 우리가 큰스님이 남기신 책을 한 자 한 자 활자로 만들어 이렇게 찍어 낸 걸 아시면 얼마나 기뻐하셨을까요……. 이 모두가 큰스님이 제일 아끼시던 석찬 스님 덕분이지요. 그동안 정말 고생 많으셨습니다."

어느새 비구니인 묘덕 스님의 눈가에 이슬이 맺혔어요.

"무슨 말씀을요. 묘덕 스님께서 아낌없이 시주를 내놓은 덕분이지요. 그렇지 않았다면 이 일을 할 수 없었을 겁니다."

석찬 스님이 손사래를 치며 말했어요.

"돈만 있다고 되는 일이 아니지요. 200여 년 전부터 금속 활자를 만들던 우리 고려의 장인들이 있었으니 가능했던 일이지요. 글자를 한 자 한 자 새겨 밀랍으로 본을 뜨고, 거기에 쇳물을 부어 활자로 만들고, 다시 그걸 하나씩 뽑아내어 기름먹을 칠해 닥종이에 찍어 내는 기술이 전해지지 않았다면 어림도 없었지요."

"하하, 묘덕 스님, 하지만 무엇보다 청주 근방에서 제일 훌륭한 인쇄 기술자들을 이곳 흥덕사로 불러 모은 부처님 공덕이 제일 크겠지요."

묘덕 스님 말에 석찬 스님이 크게 대답했어요.

그때 저쪽에서 또 한 스님이 다가왔어요.

"아, 달잠 스님, 어서 오십시오! 이게 바로 우리가 만든 《직지》입니다, 《직지》!"

석찬 스님이 큰 소리로 반기며 조심스레 나를 내보였어요.

"드디어 우리가 해냈군요, 해냈어! 아직 기름먹 냄새가 가시지 않은 이 책을 보니 참으로 가슴이 뿌듯합니다."

달잠 스님은 잔뜩 들뜬 얼굴로 소리쳤어요.

"이제 큰스님의 시자들인 저희가 해야 할 일은 장차 이 책을 더 많이 찍어 내서 사람들에게 읽히는 일입니다. '직지'라는 그 이름 그대로 '정확하게 가리키다', '정직한 마음', '바로 다스리다' 같은 뜻이 담긴 책이니까요. 사람이 마음을 바르게 가졌을 때 비로소 부처님의 마음을 깨닫게 된다는 큰스님의 가르침을

이 책에 고스란히 담았습니다. 그게 바로 큰스님의 뜻을 전하는 일이기도 하지요."

"어서 이 책을 부처님께 올립시다!"

"그럼요, 큰 잔치를 열어야지요!"

세 스님은 잔뜩 들뜬 얼굴로 절 마당을 걸어갔어요.

"직지? 이게 내 이름이란 말이지?"

나는 떨리는 마음으로 직지, 직지……. 몇 번이나 되뇌어 불러 봤어요.

며칠 후, 흥덕사는 수많은 사람들로 북적거렸어요.

"백운화상이 남기신 책을 쇠 활자로 찍어 냈단 말이지?"

"아, 그렇다니까. 인도며 중국의 고승이 참선에 대해 묻고 답하는 내용이며, 부처님의 가르침이나 공덕을 기리는 글과 노래가 담겨 있다고 하더군. 그동안 몽골과의 전쟁으로 온 나라가 쑥대밭이 되고 신돈이라는 요망한 중 때문에 세상이 어지러운 때에 참으로 귀한 책이 나온 걸세. 이 모두가 부처님 은덕일세."

"암, 그렇고말고."

사람들은 금당으로 다가갔어요.

금당 안에는 금빛으로 빛나는 부처님이 신자들을 인자한 눈으로 맞아 주었어요.

나는 떨리는 마음으로 온갖 꽃으로 장식한 제단 위에 고이 올려졌어요. 물론 그곳에는 나 혼자뿐이 아니었어요. 나처럼 똑같은 모습으로 치장한 다른 책들도 보였으니까요. 모두 비슷한 때에 찍어 낸 책이었어요. 그때 내 옆에 있던 책 한 권이 말을 걸어왔어요.

"이제부터 너랑 나랑은 짝을 이룬 거란다. 나는 상권이고, 너는 하권이니까."

"그게 무슨 말이니?"

나는 깜짝 놀라 물었어요.

"어휴, 그것도 모르냐? 우린 백운화상이라는 큰스님이 남긴 《백운화상초록불조직지심체요절》이라는 책의 상권, 하권이란 말이야. 겉표지에 적혀 있는 것도 안 봤니? 그러니까 우린 언제나 함께 있어야 하는 거라고. 젓가락 두 짝처럼 말이다. 참, 내가 상권이니까 당연히 형님인 거고."

그러고 보니 석찬 스님이 한 말이 떠올랐어요.

"이제 너희 둘은 같은 때에 태어났으니 어디든지 함께 다녀야 한다. 둘이 함께 있어야 하나가 된다는 걸 잊지 말고."

아무리 그래도 난 괜히 뿌질뿌질 심통이 났어요.

"치, 그런 게 어디 있어! 젓가락 두 짝처럼 함께해야 한다더니 형님 아우를 가르는 건 뭐람."

나는 나하고 똑같은 때에 태어났으면서, 나보다 뭘 더 많이 아는 것처럼 으스대고, 자기가 형이라고 우겨 대는 짝을 보자 괜히 기분이 나빴어요. 하지만 곧이어 이어진 흥덕사 주지 스님의 말씀과 불경, 찬불가에 정신이 팔렸어요.

"우리는 오늘 백운 스님이 남기신 귀한 책을 펴냈습니다. 스님은 이 책을 통해, 우리가 부처님 말씀을 마음속에 새기고 선

을 통해 사람의 마음을 바르게 볼 때, 그 마음 자락이 곧 부처님 마음임을 깨닫게 된다는 걸 일러 주셨지요."

석찬 스님도 신자들 앞에 나와 말했어요.

"《직지》에는 여러 선사들이 비유를 통해 도를 깨우치는 길을 보여 주고 있습니다. 그중에서 제가 가장 좋아하는 대목은 바로 이것입니다. 어느 날 한 신자가 찾아와 물었다고 합니다. '어떤 것이 옛 부처의 마음입니까?' 답을 한 스님이 이르기를, '담벼락과 기왓장과 자갈이다.'라고 했지요. 담벼락과 기왓장, 자갈에까지 모두 부처님의 성품이 깃들어 있다는 건 이 세상의 모든 만물에도 부처님의 성품이 들어 있다는 뜻이 아니겠습니까. 이처럼 《직지》에는 여러 선사들의 귀한 말씀이 많이 담겨 있답니다. 부디 많이 읽고 깨달음을 얻으시기 바랍니다."

주지 스님과 석찬 스님의 말을 듣는 동안 내 가슴은 점점 뜨거워졌어요.

"나는 소중하고 귀한 책이구나!"

나는 내가 자랑스러웠어요. 이미 세상에 없다는 큰스님의 뜻을 올곧게 보여 주고 싶은 마음이 점점 더 간절해질 정도로요. 그러다 보니 내 짝의 건방진 모습마저 너그럽게 받아 주고 싶은 마음까지 들었어요. 오히려 아까부터 궁금했던 걸 넌지시 물어보게 되었지요.

"그런데 사람들이 모두 큰스님, 큰스님, 그러는데 넌 큰스님이 누군지 아니?"

"큰스님은 바로 우리를 만들어 주신 분이란다. 사람들이 그러는데, 큰스님은 일찍이 중국 호주의 석옥 선사에게 《불조직지심체요절》이라는 책을 받아 불도를 구한 후, 인도의 고승 지공 선사로부터 가르침을 받고 돌아오셨대. 그리곤 그 후 황해도 해주의 안국사와 신광사에서 주지를 지내시다, 성불산의 성불사에서 바로 《직지》인 우리를 쓰셨지. 하지만 우리가 태어나기 3년 전, 여주 취암사에서 돌아가셨대."

"우아, 넌 정말 대단하구나! 우리가 이렇게 만난 것도 다 부처님 뜻인가 보나. 그러니 우리 친하게 지내자. 이제부터 너를 짝꿍으로 부를게."

나는 먼저 다정하게 말했어요.

"하긴 뭐, 우릴 지으신 큰스님도 우리가 사이좋게 지내길 바라실 거야. 좋아, 짝꿍아!"

나와 짝꿍은 마주 보며 웃었어요.

나를 알아주는 사람들

여러 해가 지나고 세월이 흘렀어요.

흥덕사에서 나와 함께 태어난 《직지》들은 그사이 이곳저곳으로 흩어졌어요. 스님들의 손에 들려 다른 절로 떠나기도 하고, 불공을 드리러 온 신자들 집으로 가기도 했어요.

나와 짝꿍은 주지 스님 차지가 되어 늘 스님 방 책꽂이에 얹어져 있었어요. 하지만 나는 늘 다른 책들처럼 어디론가 멀리 떠나고 싶어 안달이 났어요. 어쩐지 무섭고 엄한 주지 스님보다는 다른 사람들을 만나 보고 싶었거든요.

"짝꿍아, 우린 언제쯤 이곳을 떠나게 될까?"

나는 짝꿍을 보며 물었어요.

"난 여기가 좋은걸. 이 절에서 제일 높은 분은 부처님 다음에 주지 스님이잖아. 여기 앉아서 스님의 독경 소리를 날마다 들으니 좀 좋아."

짝꿍은 천연덕스럽게 말했어요. 하지만 난 늘 저 산 아래 마을이 궁금했어요. 연등회나 팔관회 때면 마을에서 올라온 사람들이 주고받는 이야기에 정신을 쏙 빼놓을 때가 한두 번이 아니었어요.

그러던 어느 날 나는 반갑게 외쳤어요.

"앗, 손님이 왔다!"

비단 치마저고리를 입은 대갓집 부인이 어린 여종을 데리고 주지 스님을 찾아온 거예요.

나는 괜히 설레는 마음으로 고운 한복을 입은 부인을 바라보

앉아요.

"어서 오십시오. 대감 어른께서도 안녕하시지요?"

주지 스님은 예전부터 부인을 잘 아는 듯 안부를 물으며 반갑게 맞아 주었어요.

"네, 세상이 너무 어지러우니 그저 벼슬을 내려놓고 집에서 서책을 읽으며 조용히 지내고 계십니다."

부인은 조심스레 말했어요.

"하긴 고려가 망하고 새 나라가 들어선 뒤로 스님들의 도성 나들이까지 금하는 세상이 되었으니, 소승 역시 절 밖을 나가 본지가 언제인지 모릅니다. 노국 공주의 죽음을 슬퍼하는 공민왕을 대신해, 신돈이라는 중이 나랏일을 손에 쥐고 흔들 때부터 쌓인 분노가 고스란히 우리에게 미친 거지요."

주지 스님은 어두운 얼굴로 한숨을 내쉬었어요.

"하지만 백성들이 마음에 품은 부처님을 임금이라고 해서 내칠 수 있겠습니까? 아무리 힘으로 막아 내려 해도 부처님 공경하는 마음은 아무도 해치지 못할 것입니다. 그래서 쉰네, 스님께 간곡한 청이 있어서 이리 찾아왔습니다."

부인은 다소곳이 고개를 숙이며 말했어요.

두 분의 말씀에 귀를 기울이던 나도 궁금증이 일었어요.

"청이라니요?"

"오래전 이곳에서 펴낸 《직지》라는 서책을 얻을 수 있을까요? 요즈음 대감님 마음이 편치 않으니, 혹 참선에 도움이 되실까 하여 염치없지만 이렇게 왔습니다."

부인의 입에서 '직지'라는 말을 듣자 나는 가슴이 두근두근거렸어요.

"와, 저 부인도 나를 알고 있구나! 제발, 나를 데려가면 얼마나 좋을까!"

나는 조마조마한 마음으로 주지 스님의 대답을 기다렸어요.

"염려 마십시오. 제게 남은 책이 몇 질 있습니다. 그동안 우리 흥덕사에서 《직지》를 펴낸 후 큰스님이 계시던 취암사에서도 목판본을 만들어 신자들에게 읽히고 있답니다. 참, 제가 곁에 두고 보던 책 한 질이 있으니 이걸 드리지요."

주지 스님은 책꽂이 위에 있던 나와 짝꿍을 꺼내어 부인 앞에 내놓았어요.

"나무 관세음보살! 이렇게 귀한 서책을 주신 은혜 잊지 않겠습니다."

부인은 공손히 합장을 하였어요. 그리곤 나와 짝꿍을 소중하게 비단 보자기에 싸서 가슴에 안고는 밖으로 나섰어요. 절 마당에는 부인 뒤를 따라 노복이 이고 지고 온 곡식 자루가 수북이 놓여 있었어요.

"부인, 참으로 귀하게 쓰겠습니다."

요즈음처럼 어려운 절 살림살이에 부인이 가져온 시주는 큰 도움이 될 거예요.

"드디어 우리도 떠난다! 어떤 집일까? 대감은 어떤 분일까?"

나는 비단 보자기에 싸인 채 잔뜩 호들갑을 떨었어요.

"보나 마나 선비겠지. 하지만 난 그런 집보다는 큰 절에 가고 싶었는데. 우리가 태어난 흥덕사보다 더 크고 신자가 많은 절 말이야. 어떤 절에서는 탑이나 불상을 세울 때 그 안에 우리를 넣기도 한다더라. 부처님께 바치는 예물로 말이야."

짝꿍은 어쩐지 잔뜩 심통이 난 듯했어요.

"뭐라고? 넌 평생 햇빛 한 점 비치지 않는 탑이나 불상 속에 들어가 있는 게 좋아? 난 캄캄한 건 딱 질색이야."

나는 짝꿍이 그러거나 말거나 마냥 기분이 좋았어요. 덜컹거리는 가마 속에서 비단 보자기를 꼭 안고 가는 부인에게서 풍겨 오는 은은한 향기도 좋았고요.

"잘 있어라, 흥덕사야!"

나는 그동안 정들었던 흥덕사를 떠나며 인사를 했어요. 오래 전 흥덕사를 떠난 석찬, 달잠, 묘덕 스님 얼굴이 하나둘 떠올랐어요. 장차 내가 대감의 사랑을 받는다면 스님들도 기뻐하시리라 믿으면서요.

한참 후 가마는 어느 집 앞에 멈췄어요.

"어머니, 다녀오셨어요?"

한 여자아이 목소리가 들려왔어요.

"그래, 달래야, 별고 없었느냐? 아버님은?"

부인은 인자하게 물었어요.

"네, 사랑채에서 책을 읽고 계세요."

"어서 그리로 가자꾸나. 네 아버님께 드릴 아주 귀한 선물을 가져왔느니라."

"어머, 정말요?"

달래라는 아이는 종달새처럼 재잘거리며 물었어요.

마침내 사랑채에 들어선 부인은 나직한 목소리로, 그러나 기쁜 듯 말했어요.

"대감, 대감께서 좋아하실 서책을 가져왔습니다. 어서 펴 보시어요."

"서책이라니요? 허허, 어디 봅시다."

대감은 너털웃음을 지으며 비단 보자기를 끌렀어요.

그 순간 앞으로 내 주인이 될 대감의 얼굴이 눈에 들어왔어요. 정자관을 반듯하게 쓰고, 팔자수염에다 비단 바지저고리를 입은 매무새가 흐트러짐 없었어요. 하지만 언뜻 스치는 눈빛은 매우 매서워 보였어요.

"부인, 이건 백운화상이 중국 호주 하무산에서 석옥 선사에게 받은 책에 부처님의 말씀을 더하여 만든 《직지심체요절》 아니오? 내 그렇잖아도 이 서책을 꼭 한 번 읽고 싶었는데, 부인께서 어찌 내 마음을 아시고! 허허!"

대감은 기쁜 얼굴로 나와 짝꿍을 어루만졌어요.

"아버님, 그 책이 그리도 귀한 책이에요?"

달래가 눈을 동그랗게 뜨고 물었어요. 댕기 머리를 곱게 땋은 아주 어여쁜 얼굴이었어요.

"암, 귀한 책이고말고. 게다가 이 책은 목판본이 아니라 한 자 한 자 쇳물을 부어 만든 활자로 찍어 낸 책이니라. 이처럼 놀라운 기술로 책을 펴낼 수 있었던 건 예로부터 우리 고려 장인들의 쇠를 다루는 솜씨가 뛰어난 덕분이란다. 아직 중국에서도 금속 활자로 책을 펴냈다는 말을 못 들었으니, 우리 기술이 참으로 뛰어나다는 증거 아니겠느냐?"

대감은 자랑스레 일러 주었어요. 대감의 말을 들은 나는 반가움과 기쁨으로 마음이 뒤설레었어요.

"이렇게 나를 알아주는 주인을 만나다니! 흥덕사보다 열 배 백 배 큰 절에 간 친구들이라도 이런 대우는 받지 못할 거야. 흐흐, 게다가 이 집엔 저렇게 어여쁜 달래도 있잖아!"

나는 잔뜩 마음이 들떴어요.

그날 이후 대감은 나를 서안 위에 올려놓고 아침저녁으로 읽었어요.

"음, 예로부터 뛰어난 고승들의 글과 불교 경전에서 인용한 글들을 가려 뽑아 엮었으니, 요즘처럼 심란한 때에 마음을 다스리기엔 더없이 좋은 책이로다."

대감은 그날부터 손끝에서 좀처럼 나와 짝꿍을 내려놓을 줄 몰랐어요.

나는 어쩌다 대감이 마당에 나가 산책이라도 할 때면 활짝 열린 방문 사이로 밖을 내다보았어요. 온갖 꽃들이 가득 핀 마당은 보기만 해도 가슴이 벅차올랐어요.

어느 날은 달래가 꽃가지를 꺾어다 대감의 사랑방에 꽂아 주었어요. 그럴 때면 나는 괜히 마음이 들떠서 어쩔 줄 몰랐어요. 어떻게든 달래가 나에게 관심을 가져 주었으면 하고 안달을 내기도 했지요.

그러던 어느 날이었어요. 대감은 달래 앞에서 나와 짝꿍을 펼쳐 놓고 물었어요.

"달래야, 이 책 속에 나와 있는 이야기 좀 들어 보련?"

"아버님, 정말요?"

달래는 기다렸다는 듯 대감 앞에 바짝 다가와 무릎 위에 두 손을 공손히 올려놓은 채 귀를 기울였어요.

"어느 날 나안 화상이 사람들에게, '그대들은 여기에 와서 나에게 무엇을 구하려 하는가?' 하고 물었단다. 그리곤 '부처가 되고자 하면서 마치 목마른 사슴이 신기루를 찾는 것처럼 옆집 문으로 총총 내달으니 언제 깨달음을 얻겠는가?' 하고 야단을 치셨더란다. 달래야, 네가 깨달음을 얻고 싶다면 그저 조용히 네 자신을 바라보아야 한다. 알았느냐?"

대감은 인자하게 일러 주었어요.

"네, 아버님."

달래는 초롱초롱한 눈으로 대답했어요.

어느 날 달래는 노랑 저고리에 꽃분홍 치마를 입고는 살랑살랑 사랑채에 들어와 나와 짝꿍을 보며 말했어요.

"호호, 너희들이 그렇게 귀한 책이란 말이지? 어디, 오늘부터 나도 읽어 볼 테야. 이제 겨우 천자문밖에 못 뗐지만 뭐 첫술에 배부르겠어? 한 자 한 자 읽다 보면 그 뜻을 깨닫게 될 때가 오겠지."

달래는 나와 짝꿍을 소중하게 들고 밖으로 나갔어요. 그리고는 모란이며 목백일홍 꽃이 활짝 핀 꽃밭 의자에 앉아 우리를 읽기 시작했어요. 나는 따스한 햇살과 바람, 향기로운 꽃향기보다 나긋나긋한 달래의 목소리를 듣는 게 더 좋았답니다.

"흐흐, 날마다 이렇게 달래랑 놀았으면!"

나는 달래의 동그란 얼굴이며 초승달을 닮은 눈매, 야무지게 생긴 입매를 쳐다보느라 정신이 없었어요.

그렇게 몇 달이 지났을 때였어요. 참 이상한 일이었어요. 어느 날 갑자기 온 집안에 먹구름이 드리운 듯 어둠이 찾아왔어요. 그리고 몇 날 며칠이 지나도록 어둠이 가시지 않더니, 늦은 밤 대감을 찾아온 선비들의 얼굴에도 잔뜩 근심과 두려움이 어렸어요.

"아니, 대감께서 그런 글을 쓰신 걸 대체 누가 밀고를 했단 말이오?"

한 선비가 역정을 내며 소리쳤어요.

"어디까지나 우리끼리 모여 글을 나누고 세상을 노래하는 모임인데, 어찌하여 그 글이 새 임금의 손에까지 들어갔는지 알다가도 모르겠소."

"그렇다면 우리 중에 배신자가 있다는 말 아니오?"

선비들은 죽 둘러앉아 서로를 바라보았어요. 하지만 아무도 나서는 사람이 없었어요. 아무래도 뭔가 심상치 않았어요. 그때 대감이 무겁게 입을 열었어요.

"아무튼 이 태풍이 무사히 지나가길 빌 뿐이오. 허나 만약 그렇지 않다 해도 어쩔 수 없는 일 아니겠소? 고려의 충신 최영 장군도 하루아침에 저세상으로 보내는 사람들이니 나처럼 벼슬자리를 내려놓고 서책이나 가까이 하는 선비가 어찌 살기를 바라겠소. 그렇잖아도 그들에겐 바른말 잘하는 내가 눈엣가시 같았을 터인데 말이오. 다만 장차 하나뿐인 어린 딸에게 닥칠 일을 생각하면 그게 마음 아플 뿐이오."

대감은 눈시울을 붉혔어요. 모여 앉은 사람들도 나지막하게 한숨을 내뱉었어요.

"짝꿍아, 무슨 일이지?"

나는 걱정스레 물었어요.

"아무래도 대감 어른한테 나쁜 일이 생긴 것 같아."

짝꿍도 풀 죽은 목소리로 대답했어요.

사람들이 모두 돌아간 뒤에도 나와 짝꿍은 좀처럼 잠을 이룰 수가 없었어요.

그런데 다음 날 아침, 대감이 자리를 비운 때였어요. 다른 때처럼 꽃을 꺾어 들고 온 달래가 서안 위에 놓인 우리를 보며 울먹울먹했어요.

"얘들아, 너희들은 아주 귀한 책이라고 했지? 그럼 부디 내 소원 좀 들어주렴. 어른들이 하시는 말씀을 들었어. 우리 아버님이 새 임금께서 고려의 충신들을 죽이고 왕위에 올랐다며 비판하는 글을 쓰셨대. 그런데 누군가가 그걸 임금께 고자질했다는구나. 우리 아버님이 부디 무사하실 수 있도록 너희들이 빌어 주렴. 응?"

달래는 간절하게 말했어요.

"아, 우리에게 그런 힘이 있다면 얼마나 좋을까?"

나는 달래를 위해 아무 일도 해 줄 수 없다는 게 그저 안타까울 따름이었어요. 그렇다고 멍청이처럼 가만히 있을 수도 없었어요.

"부처님, 제발 대감 어른이 무사하게 해 주시어요! 제발!"

나는 대감을 위해 빌고 또 빌었어요. 그렇게 다음 날 아침이 되었어요.

"와지끈, 지끈!"

갑자기 집이 무너지는 듯 요란한 소리가 들렸어요.

"저벅저벅!"

사랑채 마당으로 군졸들의 다급한 발자국 소리와 함께 창칼이 부딪치는 소리도 들려왔어요.

"역적, 김응수는 당장 나와 오라를 받아라!"

"이보시오, 우리 대감 어른이 역적이라니 그 무슨 소리요?"

집안일을 돌보는 영재 아재가 두 팔을 벌려 막아서며 소리쳤어요.

"에잇, 저리 비키지 못해!"

군졸 하나가 영재 아재를 휙 밀쳤어요.

"으윽!"

영재 아재는 그 자리에 나동그라지고 말았어요.

"너희들은 누구냣?"

마침내 대감이 사랑방 높은 누마루 위에 선 채 쩌렁쩌렁한 목소리로 호통을 쳤어요.

"역적 김응수는 듣거라! 네가 감히 새 나라를 세운 새 임금을 비방하는 글을 쓰고도 살아남기를 바랐더냐? 당장 나와 오라를 받으렷다!"

나는 겁이 더럭 났어요. 달래가 어머니의 치마폭을 붙잡은 채 벌벌 떨고 있는 걸 보자 더욱 안타까운 마음이 들었고요. 군졸들은 꽃밭에 핀 꽃들을 마구 짓밟으며 우르르 몰려들었어요. 그들의 손에는 긴 창과 칼이 들려져 있었어요.

"짝꿍아, 어떡하지? 무슨 수가 없을까?"

"아마 힘들 거야. 대감이 새 임금에 대해 안 좋은 글을 썼다 잖아."

"그렇다고 사람을 잡아간단 말이야? 없는 데서는 나라님 욕도 한다는 말 못 들었어?"

나는 깜짝 놀라 외쳤어요. 하지만 곧 모든 일이 눈 깜짝할 사이에 벌어졌어요. 대감은 오랏줄에 묶인 채 사랑채 마당으로 끌려 나왔고, 나무를 얼기설기 엮어 만든 가마에 태워졌어요.

그때였어요. 달래가 뛰쳐나와 대감이 탄 가마 앞을 가로막으며 큰 소리로 호통을 쳤어요.

"안 돼! 당장 우리 아버님을 풀어 드리지 못하느냐?"

나는 순간 깜짝 놀랐어요. 조그맣고 여린 달래가 두 주먹을 움켜쥔 채 군졸들을 향해 호령하는 모습이 너무나도 당차 보였거든요.

"허허, 이 조막만 한 계집애가 감히 어명을 어길 참이냐? 당장 저리 비키지 못할까?"

높은 군졸 하나가 큰 소리로 엄포를 놓았어요. 하지만 달래는 눈 하나 깜짝하지 않고 여전히 대감의 가마를 막아섰어요.

"못 간다, 못 가! 우리 아버지가 무슨 죄가 있다고 이러느냐? 어서 아버님을 풀어 다오."

"이런, 아무래도 네 년이 뜨거운 맛을 봐야 알겠구나."

군졸 하나가 갑자기 손을 번쩍 쳐들어 당장이라도 달래를 후려칠 기세였어요.

그 순간 안방마님이 달려 나와 달래를 얼른 감싸 안으며 외쳤어요.

"너희는 어찌 손바닥으로 하늘을 가리려 하느냐? 대감에게 죄가 없다는 건 너희가 더 잘 알 것이다. 그러니 조심해서 대감을 모시고 가도록 하라."

그제야 군졸들은 대감이 탄 가마를 메고는 서둘러 솟을대문을 나섰어요.

"아버지, 아버지!"

달래는 그 자리에 털썩 주저앉아 발버둥을 치며 울었어요.

"으흐흑!"

집안의 하인과 하녀들도 모두 울음을 터뜨렸어요. 이제 곧 마님과 달래도 관비가 되어 어디론가 끌려갈 거라는 말을 들었거든요.

"흑흑, 장차 새 임금에 대한 나쁜 말을 하거나 글을 쓴 사람을 가만두지 않겠다고, 그 가족들에게도 큰 벌을 내려 본보기로 삼는다잖아. 아이고, 우리 마님과 아씨, 불쌍해서 어쩌누!"

그날 밤, 집안 사람 그 누구도 잠에 들지 못했어요. 하늘에 뜬 눈썹달마저 슬픈 듯 보이는 밤이었어요.

나는 주인 없는 빈방이 너무나 무서웠어요. 대감이 보던 책들은 책꽂이에 죽 얹혀 있고, 벼루에는 아직 채 마르지 않은 먹물이 남아 있는데 대감만 한순간에 사라진 거예요.

"이제 우리는 어떻게 되는 걸까?"

나는 겁에 질려 물었어요.

"사람들이 그러는데, 이제 곧 이 방에 있는 모든 책들을 불태울 거래."

짝꿍도 두려운 듯 말했어요. 역적이 보던 서책이며 글에 몽땅 불을 지를 거라는 군졸들의 말을 들었대요.

"안 돼, 그럴 수는 없어!"

나는 금방이라도 불 속에 들어갈 듯 부르르 몸을 떨었어요. 그리곤 흥덕사에서 우리를 만들던 장인들의 얼굴을 떠올렸어요. 그들이 이른 아침 해 뜨기 전에 작업장으로 나와서는 밤이 이슥해질 때까지 땀 흘려 우리를 만들었는데, 불에 태워지다니요. 게다가 그동안 정이 듬뿍 든 달래도 내일이면 볼 수 없다고 생각하니 가슴이 터질 듯 아파 왔어요.

그때였어요. 갑자기 방문이 조심스레 열리며 누군가 방 안으로 들어섰어요.

"누구지?"

숨을 죽인 채 바라보니 다름 아닌 달래였어요. 달래 뒤로 영재 아재와 영재 아재의 아들 덕구도 보였고요.

"아저씨, 나는 이제 내일이면 관노가 되어 어디론가 멀리멀리 떠날 거래. 이 집도 다른 사람 손에 넘어가고, 아버님이 보시던 이 귀한 서책들도 다 불에 태운대. 그럴 수는 없어. 난 아버님이 죄가 없다는 걸 누구보다 잘 알아. 그러니 이 서책들을 잘 간수했다가 아버님이 돌아오시면 꼭 되돌려 드려야 해."

달래는 하루 사이에 부쩍 어른이 된 듯 말했어요.

"아가씨, 그럼 제가 이 서책들을 나무 상자에 담아 몰래 제 고향 끝동 마을에 감춰 둘게요. 나중에 다시 찾아올 수 있게 말이에요."

영재 아재가 울음 섞인 목소리로 말했어요.

"그래, 이제 안심이야. 아저씨만 믿을게."

달래는 나지막하게 대답했어요. 그러다가 서안 위에 놓인 나와 짝꿍을 두 손에 올려놓고 물끄러미 바라보며 말했어요.

"난 이제 내일이면 이 집을 떠난단다. 아버님이 그러시는데, 너희들은 나라가 어지러울 때 백성들의 마음을 다스리고 보듬어 주려고 큰스님께서 지으신 책이라고 했어. 그러니 너희들은 귀한 책이란다. 언젠가 우리 다시 만날 때까지 네가 소중한 책이라는 걸 잊지 말아야 해. 그리고 부디 나와 아버님, 어머님을 위해 빌어 주렴."

달래는 나와 짝꿍을 가슴에 꼬옥 안았다가 영재 아재에게 건넸어요. 귀한 책이니까 다른 책들보다 더욱 잘 간수해 달라는 당부도 잊지 않았어요.

"아가씨, 염려 마시어요. 쇤네가 못 지키면 덕구 놈이 반드시 잘 지킬 테니까요. 부디 몸 건강하셔서 이 집도 되찾고, 대감 어른이 돌아오시기만을 손꼽아 기다릴게요. 으흐흑……."

영재 아재는 마침내 황소 같은 울음을 터뜨렸어요.

"네, 그렇게 하고말고요. 아버지가 못하면 저라도 꼭 이 책을 지킬 테니 염려 마세요."

덕구의 두 뺨에도 뜨거운 눈물이 주르르 흘렀어요.

하지만 달래는 토끼처럼 빨간 눈으로 중얼거렸어요.

"울지 마. 난 안 울 거야, 절대 안 울어. 다시 이 집으로 돌아올 때까지 울지 않을 테야!"

나는 그 모습을 보며 더욱 슬펐어요.

"아, 달래를 다시 볼 수 있을까? 제발, 그날이 빨리 왔으면……."

나는 사람들처럼 엉엉 소리 내어 울고만 싶었어요. 앞으로 달래와 함께 아름다운 꽃밭에 앉아 다정하게 지낼 수 없다고 생각하니 마냥 슬펐지요.

어두컴컴한 상자 속에서

한밤중 사람들 눈을 피해 영재 아재는 덕구 엄마와 아들 덕구, 딸 덕순이를 데리고 몰래몰래 집을 떠났어요. 대감이 보던 서책과 그동안 쓴 글이며, 문방사우들을 담은 나무 상자를 소가 끄는 수레에 서둘러 실은 채 말이에요.

"달래야, 안녕! 우리 또 만나자."

어두운 상자 속에 들어간 나는 달래에게 인사를 하였어요. 꽃들이 활짝 핀 사랑채 마당이며, 먹 냄새 종이 냄새 풍기던 사랑방, 가끔 그 방에 들어와 대감 앞에서 낭랑한 목소리로 글을 읽던 달래를 떠올리면서요.

수레는 덜컹덜컹 소리를 내며 밤길을 달리고 또 달려갔어요.

한참을 가자 날이 환하게 밝아 오는 게 보였어요.

"짝꿍아, 영재 아재가 우릴 잘 간수해 줄까? 언젠가 다시 대감 댁으로 가게 될까?"

나는 걱정스레 물었어요.

"그랬으면 얼마나 좋겠니."

짝꿍도 안타까운 듯 중얼거렸어요.

그때 함께 상자 속에 들어 있던 중국에서 온 나이 든 책이 말했어요.

"헛된 기대는 하지 말거라. 역적으로 몰렸으니 대감은 이제 죽은 목숨이나 마찬가지야. 게다가 마님과 아가씨까지 관비가 되고 집안이 풍비박산 났는데, 어딜 돌아간다는 게냐. 우린 오도 가도 못한 채 한동안 이 어두운 상자 속에 갇혀 있을 게다."

"말도 안 돼요. 설마 우리처럼 귀한 책을 이 답답한 상자 속에 넣어 두겠어요?"

나는 화가 나서 꽥 소리를 질렀어요.

그러자 늙은 책이 다시 말했어요.

"허허, 아직 혈기가 왕성하구나. 하지만 아무리 귀한 책이면 뭘 하느냐? 그걸 읽을 줄 아는 학자나 선비를 만나야지. 지금 우리는 글자도 모르는 까막눈들이 사는 곳으로 피난을 가고 있다는 걸 모르느냐?"

"치, 누구 말이 맞는지 어디 보자고요!"

나는 더욱 화가 나서 팩 쏘아붙였어요.

그러는 사이 수레는 어느 집 앞에 멈춰 섰어요. 나무 상자 사이로 내다보니 마당에 풀이 우북한 허름한 초가집이었어요.

"아이고, 소식도 없이 어쩐 일이냐? 그 짐은 다 뭐고."

덕구 할아버지와 할머니로 보이는 분들이 달려 나와 반겼어요. 하지만 영재 아재의 사연을 듣던 할머니는 버럭 소리를 질렀어요.

"내 그래 뭐라 했느냐? 대감이 밥 먹여 주고 옷 입혀 준다고 그 집에 그리도 오래 빌붙어 살더니 꼴좋다. 속 편하게 남의 집 품앗이라도 해서 목구멍에 풀칠이라도 하며 살았더라면 이런 꼴을 당하지 않았을 게 아니냐. 아이고, 내 팔자야!"

덕구 할머니는 슬피 울었어요.

"할머니, 울지 마세요, 제가 할아버지와 할머지, 저희 부모님까지 곱절은 더 잘 모실게요."

덕구는 의젓하게 말했어요.

영재 아재는 고향에 간 뒤로 어느 날부터인가 시름시름 앓더니 몸져눕고 말았어요. 덕구는 할아버지, 할머니를 도와 남의 집 밭일 논일을 해 주느라 정신이 없었고요. 대감 집에서 가져온 물건들은 모두 헛간에 부려 놓은 채 그 누구 하나 거들떠보지 않았어요.

"덕구가 우릴 까맣게 잊었나 봐. 이제 어쩌지?"

나는 짝꿍을 보며 투덜거렸어요.

"이제 이 안에 갇혀 오도 가도 못하게 된 건가?"

다른 책들도 한탄을 하였어요.

하루, 이틀, 한 달, 두 달……. 얼마나 시간이 지나갔는지 알 수도 없었어요.

나는 그저 어둑어둑한 나무 상자 속에서 잠만 잘 뿐이었어요.

그러던 어느 날 집 안에 울음소리가 가득했어요.

"아버지, 아버지!"

덕구가 슬피 우는 걸 보니 오래도록 앓던 영재 아재가 세상을 떠난 모양이었어요.

"이제 영재 아재마저 떠났으니 누가 우릴 대감 집에 데려다 주겠어? 달래도, 대감 어른도 어디서 어떻게 되었는지 알 수도 없고…….”

 나는 땅이 꺼질 듯 한숨을 내쉬었어요.

 그렇게 또다시 시간이 지나갔어요. 밤이 오고, 낮이 오고, 여름이 가고, 겨울이 오고, 또다시 봄이 찾아오고……. 몇 번의 봄이 지나갔는지 셀 수도 없었어요. 그 사이 덕구 할아버지, 할머니도 세상을 떠나고 집안에는 덕구와 처녀가 된 덕순이뿐이었어요.

 어느 날 까무룩 잠에 빠져 있던 나는 헛간 문이 열리는 소리를 들었어요. 하긴 헛간에는 가마니나 호미, 곡괭이, 삽, 지게 같은 걸 넣어 두는 곳이라 하루에도 몇 번씩 사람들이 드나들었어요. 이제는 제법 총각이 된 덕구도 이른 새벽에 삽이며 호미를 들고 나갔다가 날이 어둑어둑해지면 돌아오곤 했으니까요.

 그런데 오늘은 덕구가 차림새가 번듯한 웬 남자 어른 하나를 데리고 헛간으로 들어섰어요. 하지만 허둥대는 꼴이 어쩐지 이상했어요.

 “양 진사 어른, 여기예요. 제가 가지고 있는 서책들이랍니다.

벼루며, 붓도 아주 많습지요."

덕구는 떨리는 손으로 나무 상자 뚜껑을 열었어요.

나와 짝꿍도 떨리는 마음으로 덕구와 양 진사를 번갈아 바라보았어요.

"어허, 이렇게 귀한 물건이 많다니!"

양 진사는 입이 귀에 걸릴 듯 좋아서 어쩔 줄 몰랐어요.

"그럼요, 귀하고말고요. 제가 섬기던 김 대감 어른이 지니고 있던 물건들인걸요. 하지만 이제 소용없어요. 소문을 들으니, 대감께선 이미 고문을 받다 돌아가신 게 오래전이라더군요. 그 댁 마님이며 아가씨도 처음에는 개경의 어느 관아에 있는 관비가 되었다가, 저 남녘 어딘가로 옮겨 간 후 지금은 살았는지 죽었는지 통 아는 사람이 없고요."

덕구가 떨리는 목소리로 말했어요.

"허허, 그래서 이걸 몽땅 내게 팔겠다, 이 말이렷다?"

양 진사는 거늘먹거리며 말했어요.

"네, 우리 고을에서 이 물건들을 지니실 분은 양 진사 어른밖

에 없습니다. 제발 저를 도와주십시오. 하나뿐인 제 여동생이 시집을 가게 되었습니다. 제가 가진 거라곤 오로지 이것들뿐이라…….”

덕구는 점점 더 안타깝게 졸라 댔어요. 마치 양 진사가 필요 없다며 헛간을 나가 버릴까 봐 조바심이 난 듯 말이에요.

“좋아, 좋아! 그렇잖아도 돈을 주고 벼슬자리를 샀다며 날 무시하는 녀석들에게 본때를 보여 주려던 참일세. 이 서책이며 문방사우들을 사랑방에 떡하니 갖다 놓으면 감히 어떤 놈들이 나를 함부로 대할 텐가? 알았네, 어서 이걸 밖에 세워 둔 수레에 싣도록 하게. 그 대신 내 은전

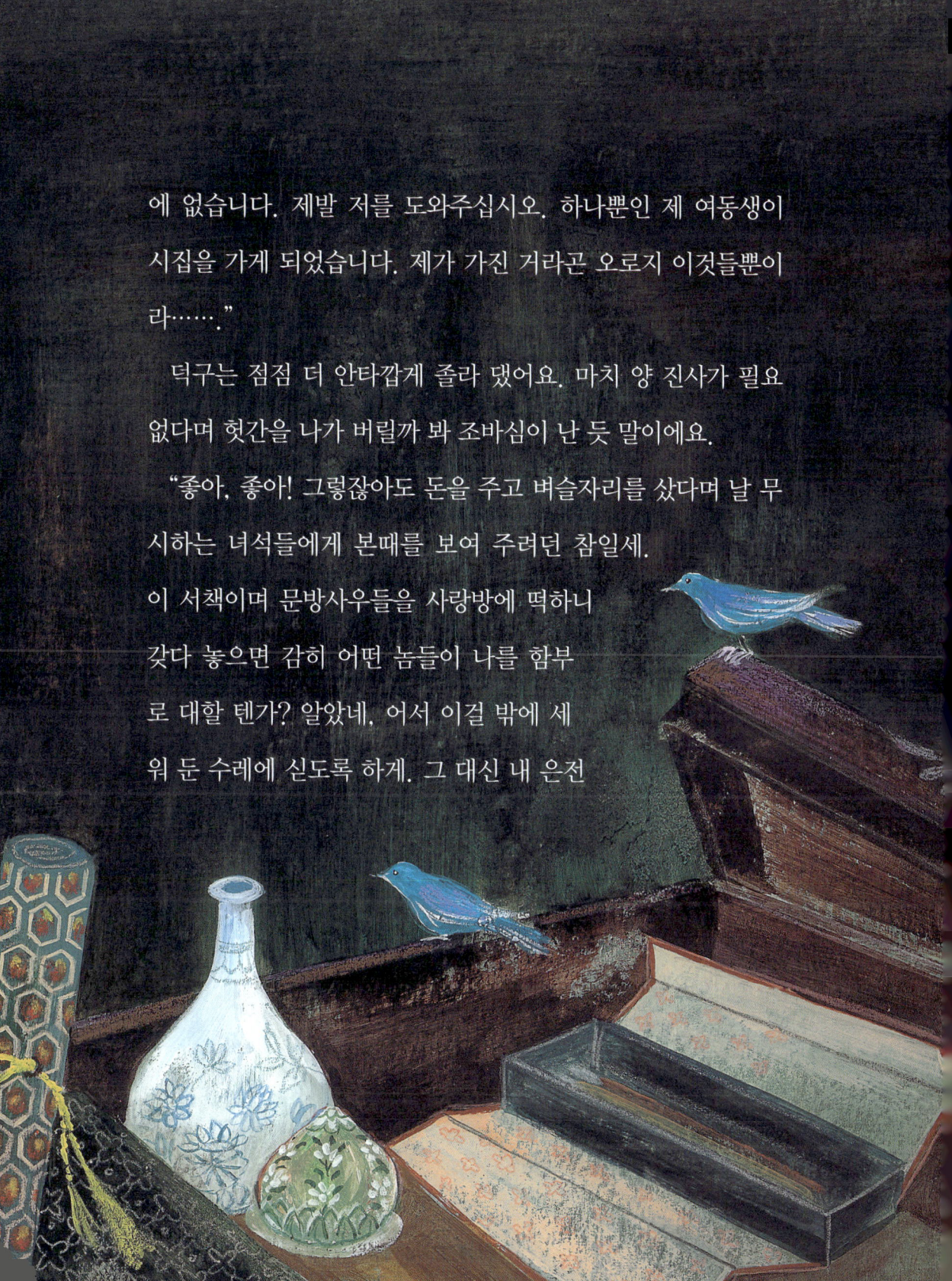

스무 냥을 줌세."

양 진사는 가져온 은전 두 꾸러미를 선뜻 내놓았어요.

"아이고, 어르신, 고맙습니다. 이걸 당장 실어 드립지요."

덕구는 허리를 굽실굽실거렸어요.

그 모습을 본 나는 어처구니가 없었어요.

"달래한테 우리를 잘 간수하겠다고 철석같이 약속해 놓고 어떻게 저럴 수가 있지?"

"어쩌면 더 잘된 일인지도 몰라. 이 칙칙한 헛간에 더 남아 있다간 우린 살아남지 못할 거야. 밤마다 쥐들이 나무 상자를 갉아 대는 소리 못 들었어? 머잖아 구멍을 뚫고 들어와 이 안에다 새끼를 낳을지도 모를 판이야. 하지만 저 양 진사를 따라가면 최소한 쥐한테 갉아 먹히는 가엾은 신세는 되진 않겠지."

짝꿍이 침착하게 말했어요.

"아무리 그래도 난 덕구가 미워. 달래가 우릴 찾아올지도 모르잖아. 달래가 올 때까지 우릴 잘 간수했다가 달래한테 돌려주면 좀 좋아. 언제가 될진 모르겠지만, 난 달래가 우릴 꼭 찾아올 거라고 믿어. 그러니 난 이 집에서 기다리고 싶어."

나는 지금쯤 어디서 살았는지 죽었는지도 모르는 달래 생각에 가슴이 미어졌어요.

그러는 사이 덕구는 어느 틈에 우리가 든 나무 상자를 번쩍 들고 밖으로 나갔어요.

"달래 아가씨, 약속을 지키지 못해서 정말 죄송해요……."

짐을 다 실은 덕구는 그제야 나무 상자를 어루만지며 나직하게 말했어요.

"미안한 줄 알면 약속을 지켜야지."

나는 아무리 좋은 집으로 간다 해도 덕구에 대한 서운함이 끝내 가시지 않았어요.

 여기저기를 떠도는 우리

양 진사의 집은 고래 등같이 으리으리한 기와집이었어요. 살림살이도 번쩍번쩍거리고 뭐 하나 부러울 게 없어 보였어요.

"으하하! 이제야 내가 좀 양반다워 보이는구나."

양 진사는 너털웃음을 지으며 사랑방에 죽 꽂힌 서책들을 바라보았어요. 붓이며 먹, 벼루, 연적까지 김 대감이 쓰던 걸 고스란히 가져왔으니 어느 양반 부럽지 않았거든요.

"영감, 참으로 방 안이 다 훤하네요. 귀한 책이 옆에 있으니 영감이 더욱 근사해 보이는구려."

화려한 비녀와 노리개로 치장한 양 진사 부인도 입을 다물지 못했어요.

"이제 우리 병이랑 훈이는 남부러울 것 없는 집과 혼인을 해도 되겠어요. 사돈 될 분들이 이 방을 보면 깜짝 놀랄걸요, 호호!"

부인은 요란하게 웃어 댔어요. 서가에 꽂힌 채 그 모습을 바라보던 나는 저절로 한숨이 나왔어요.

"이 집에서 우린 그저 장식용에 불과하구나. 큰스님이 큰 뜻을 품고 썼다는 우리가 한낱 가짜 양반의 치장거리가 되다니!"

"그래도 덕구네 집에 있는 것보다 난 훨씬 좋아. 이렇게 바람이 잘 통하는 방에 있으니 좀이 먹거나 상할 염려도 없으니. 그나저나 너도 당분간은 푹 쉬도록 하렴. 언젠가 우리를 알아주는 사람들이 나타날 때까지 그저 살아남는 게 우선이야."

짝꿍이 위로해 주었어요.

"넌 나하고 같은 때에 태어났건만 어쩜 그리 어른스러우냐."

나는 짝꿍을 보며 퉁명스레 말했어요. 나는 달래 생각에 가슴이 아린데 아무렇지 않은 듯 말하는 짝꿍이 미웠거든요.

그러는 사이 또다시 세월이 흘러 양 진사도 세상을 떠나고 그 아들 병이가 이젠 사랑방의 주인이 되었어요.

"난 아버지와 다르게 살 테다. 아버지는 가짜 양반이라며 사람들에게 웃음거리가 되었지만, 난 내 힘으로 벼슬자리에 오를 테다. 그러자면 글을 읽고 배워야 한다."

병이는 날마다 열심히 글을 읽었어요. 서가에 꽂힌 채 하릴없이 시간만 보내던 내 가슴도 두근두근거렸어요. 하지만 이번에도 내 기대는 저만치 달아나 버리고 말았어요. 어느 날 서가에 꽂힌 나와 짝꿍을 보던 병이는 눈살을 찌푸렸어요.

"유교를 받드는 이때에 스님이 쓴 케케묵은 책 따위를 읽어서는 곤란하지."

병이는 그 후 우리를 거들떠보지도 않았어요. 사실 그건 병이 혼자만의 생각이 아니었어요. 새 나라를 세울 때부터 임금과 대신들은 불교가 아닌 유교를 나라의 이념으로 삼았거든요. 서가에 꽂힌 책 중에서도 공자나 맹자의 말씀이 늘 인기가 있었지요.

나는 화가 풀풀 났어요.

"기가 막혀서! 저런 녀석이 어떻게 벼슬에 오른단 말인가? 오로지 출세에 눈이 멀어 사람의 마음공부는 뒷전이니!"

나는 병이가 벼슬에 오른다 해도 큰사람이 되긴 어렵다는 걸 깨달았어요. 어느 틈에 나도 사람을 볼 줄 알 만한 나이가 되었던 거예요. 그러자 나는 아무리 부잣집 좋은 방에서 지내도 마음이 허전했어요. 누군가 나를 알아줄 사람을 꼭 만나고 싶었어요. 하지만 내 뜻과는 달리 세월만 자꾸자꾸 지나갔어요.

병이는 마침내 소원대로 벼슬에 올랐어요.

"이제 한양에다 집을 새로 지었으니 이 서책들도 몽땅 이삿짐에 싣고 가거라."

병이는 한양으로 살림살이들을 다 끌고 갔어요. 인왕산 자락에 으리으리한 기와집을 마련하여 이사를 가는 거예요.

나와 짝꿍도 병이를 따라 한양으로 올라갔어요. 하지만 병이는 한양 집에서도 좀처럼 우리를 꺼내 보는 일이 없었지요.

그렇게 세월은 자꾸자꾸 흘러갔어요. 벼슬을 하던 병이가 세상을 떠난 것도 벌써 수십 년 전이었어요. 집안은 차츰차츰 몰락하여 기세등등하던 기와집도 빛을 잃었어요. 지붕이며 마당에는 풀이 무성했고요. 그저 병이의 손자 재욱이가 관청에서 말단 벼슬에 올라 근근이 집을 지키며 살 뿐이었지요. 그런 재욱이가 어느 날 사랑방에 꽂힌 우릴 본 거예요.

"아니, 200년도 더 된 책이 우리 집에 있었다니! 이거 우리 집 가보구먼."

재욱이는 나와 짝꿍을 들여다보며 감탄했어요. 하지만 재욱이의 말에 나는 소스라쳐 놀랐어요.

"뭐어? 200년이라고? 그럼 우리가 벌써 200살도 더 되었단 말이야?"

"하하, 여보게, 고작 200살 갖고 뭘 그리 놀라는가? 우린 어쩌면 장차 천 년도 더 살지 모르는데."

어느덧 나이가 들어서인지 말투만 어른스러워졌을 뿐, 짝꿍은 늘 그랬던 것처럼 우쭐대며 말했어요.

"처, 천 년이라니?"

나는 짝꿍의 말을 도무지 믿을 수가 없었어요.

"자넨 예전에 닥나무로 우리를 만들어 준 한지장 이야기를 잊었는가? '지천년견오백이라고 했으니 그저 천년만년 오래오래 남아 있거라.' 하며 덕담을 해 주시던 그분 말씀을."

"그, 그런 말을 하셨나? 그런데 지천년견오백이 대체 무슨 소리인가?"

난 갑자기 어수룩배기가 된 기분이었어요. 같은 때에 태어났건만, 어찌하여 나는 이리 모르는 게 많은지 알 수가 없었어요.

"그건 아무리 좋은 비단도 500년이면 그만이지만, 닥종이는 천 년을 견딘다는 뜻이라네. 우리가 바로 그 닥종이로 만든 책이 아닌가? 그러니 천 년을 견딜 수만 있다면 그깟 이천 년은 못 견디겠는가, 하하!"

"하하하! 자네 말이 맞구먼, 맞아!"

나와 짝꿍은 그야말로 오랜만에 호탕하게 웃어 젖혔어요.

그 후 나는 시도 때도 없이 저절로 웃음이 나왔어요.

"천 년이라, 천 년? 하긴 그 정도면 귀신이 따로 없겠구먼."

나는 그날 이후 내가 더욱 자랑스러웠어요. 나보다 더 똑똑하고 아는 게 많은 짝꿍이랑 같이 있는 것도 더욱 든든하게 여겨졌고요. 그러다 보니 하루하루가 그저 느긋하기만 했어요.

"장차 천 년이 넘도록 살 텐데, 뭐 바쁠 게 있나."

서책을 아끼던 재욱이마저 세상을 떠나고, 그 아들의 아들의 아들이 어른이 되고, 내 나이 500살이 넘었지만 난 여전히 언젠가 좋은 날이 오리라는 믿음을 버리지 않았답니다. 하지만 아무리 세월이 흘러도, 나이가 들어도 잊히지 않는 건 달래에 대한 그리움이었어요.

"어디서 어떻게 살다가 세상을 떠났을까? 가끔씩 우릴 생각했을까? 어쩌면 혼인을 하여 그 후손들이 어딘가에 살고 있을지도 모르는데. 손녀의 손녀의 손녀라도……. 혹시 그 후손들이 우릴 애타게 찾고 있는 건 아닐까?"

나는 달래의 나긋나긋한 목소리며 아름다운 모습을 떠올리며 상상을 즐기곤 했어요. 하지만 그건 어디까지나 나 혼자만의 꿈일 뿐이었어요. 나는 여전히 인왕산 자락 다 낡아 빠진 기와집 서가에 꽂힌 채 살고 있었으니까요. 이젠 이 집에서 우릴 알아보는 사람은 아무도 없는 듯 보였어요.

그러던 어느 날이었어요. 갑자기 누군가가 사랑방으로 들어오더니 나와 짝꿍을 휙 빼내어 품 안에 넣고는 후다닥 방을 나가는 게 아니겠어요? 우리도 미처 누군지 알아볼 겨를이 없을 만큼 잽싼 몸짓으로 말이에요.

"누, 누구지?"

나는 너무 놀란 나머지 말까지 더듬으며 물었어요.

"몸에서 퀴퀴한 냄새가 나는 걸 보니 집안 하인 중 한 명 같네만……. 아, 바우일세. 언젠가 주인의 심부름으로 사랑방에 들어왔던 바우가 우릴 본 적이 있잖은가. 바우는 능화판 무늬가 새겨진 우릴 몇 번이나 보고 또 보더니만 아쉬운 듯 밖으로 나가지 않았나. 아마도 그때 우릴 알아본 모양이야. 높은 스님이 지은 책이라는 걸. 난 가끔 바우가 제 주인이 쓰다 버린 종이에다 그림을 그리는 걸 보았네. 부처님도 그리고 탱화도 그리고.

바우는 어릴 때 절에서 살다 온 아이라고 하더군. 그러니 우리가 흥덕사에서 펴낸 귀한 책이라는 걸 단번에 알아본 게야. 안 그런가?"

"그럼 바우 녀석이 지금 우릴 훔쳐 가는 거란 말인가?"

"그렇잖으면 왜 모두 잠든 한밤중에 살금살금 들어와 우릴 잽싸게 가져가겠는가?"

나는 난데없이 우릴 훔쳐 달아나는 바우의 속셈이 무엇인지 몰라 마냥 걱정이 되었어요.

한참을 달리던 바우가 숨을 몰아쉬며 삼각산 기슭의 어느 작은 절로 들어갔어요. 바우의 저고리 품에서 삐죽 내다보니, 바위산께에 자리 잡은 작고 초라한 절이었어요.

"비록 주인집에서 훔쳐 온 책이지만 이번에 대웅전에 새로 모시는 나무 불상에 복장품으로 넣어 드릴 테다. 그 집에서는 이 책이 얼마나 귀한지 아무도 모르니, 내가 부처님께 올리는 게 더 뜻있는 일이 될 거야. 아마 부처님도 내 마음을 아시고 기뻐하시겠지."

바우는 떨리는 손으로 나와 짝꿍을 나무 상자에 넣어서는 대웅전으로 들어갔어요. 그리곤 불상 속에다 조심조심 넣었어요. 가끔 스님을 도와 불상을 만드는 일을 해 보았기에 불상 뒤편에 여닫는 문이 있는 걸 아는 거예요.

"바, 바우야, 안 된다, 안 돼. 남의 것을 말도 없이 훔치는 건 도둑질이라고!"

"제발 우릴 꺼내 다오. 우린 살아서 큰스님의 뜻을 세상 사람들에게 전해야 한단다!"

나와 짝꿍은 안타깝게 외쳤어요. 간혹 흥덕사에서 비슷한 때에 태어난 친구들을 탑이나 불상 안에 넣는 소릴 듣긴 했지만, 막상 우리가 들어가리라곤 꿈에도 생각지 못했으니까요. 하지만 바우는 우리의 안타까운 외침을 듣지 못한 채 두 손을 모아 불공을 드릴 뿐이었어요.

"짝꿍아, 천 년도 더 살 거라더니 대체 이게 무슨 일이냐? 그동안 온갖 고비를 다 넘겼건만 우린 이제 죽은 목숨과 다를 바 없구나. 아무리 발버둥 쳐도 우릴 구해 줄 사람이 없을 테니."

나는 너무 슬픈 나머지 눈물조차 나오지 않았어요. 난데없이 도둑질하듯 우릴 데려다가 불상 속에 가둬 둔 바우가 원망스럽기만 했어요.

"이제 다 끝났구나, 다 끝났어……."

불상 안에 갇힌 나는 죽은 듯 아무 말도 하지 않았어요. 모든 게 다 귀찮기만 했어요.

하루가 가고, 이틀이 가고……. 얼마만큼의 세월이 흘렀는지도 모른 채 깊은 잠에 빠졌어요. 마치 소나무로 만든 불상에서 풍겨 오는 송진 냄새에 취한 듯 말이에요.

그러던 어느 날이었어요. 갑자기 땅이 쿵쿵 울리는 소리가 들려왔어요. 기왓장 부서지는 소리도 들리고, 수많은 사람들이 이리저리 몰려다니고, 비명을 지르는 소리도 들려왔어요.

"일본군이다! 당장 산으로 도망을 가라!"

주지 스님이 다급하게 외치는 소리가 들려왔어요. 곧이어 사람들이 허둥지둥 어디론가 달려가는 소리가 나더니, 뒤이어 날카로운 비명과 창칼이 부딪치는 소리도 들려왔어요.

"청나라와 일본이 우리 땅에서 전쟁을 일으켰다더니."

"아이고, 이를 어째?"

사람들이 다급하게 외치는 소리가 들려왔어요.

잠시 후 어디선가 탁탁 나무 타는 매캐한 냄새도 났어요. 어두컴컴한 불상 안에 갇혀 있는데도 뜨거운 열기와 매캐한 연기가 느껴질 정도였어요. 소스라쳐 놀란 나는 옆에 있던 짝꿍에게 물었어요.

"대체 무슨 일이지? 그런데 뭔가 뜨거운 기운이 스며들고 있어. 나무 타는 냄새 같기도 하고……."

"큰일 났다! 절에 불이 났나 보다!"

짝꿍이 갑자기 큰 소리로 외쳤어요.

"뭐라고? 그럼 우린 어떻게 되는 거지?"

나는 겁에 질려 울부짖었어요. 불상 속에 있는 건 답답하긴 해도 살아 있는 거지만, 불에 태워지면 그건 죽은 것과 똑같으니까요. 불길은 점점 더 뜨겁게 다가왔어요. 나는 금방이라도 불쏘시개가 되어 화르르 사라질 것만 같았어요.

그때였어요. 사람들이 다시 다급하게 뛰어오는 소리가 들렸어요.

"어서 불을 꺼라! 일본 놈들이 절에다 불을 지르고 달아났다!"

사람들이 허둥지둥 물을 길어다 불을 끄는 소리도 들려왔어요. 매캐한 연기는 쉴 새 없이 불상 안으로 스며들었어요.

한참 후 사람들이 말했어요.

"기와지붕이며 서까래, 문짝이 다 탔으니 이 일을 어쩐담!"

"비록 그을리긴 했지만 불상이 무사한 게 천만다행일세. 저 안에 귀한 복장품들이 들어 있을 텐데 말일세."

사람들이 너도나도 이야기를 하였어요. 불상 안에는 나와 짝꿍 말고도 얼마 전 돌아가신 주지 스님의 사리며 도자기, 염주, 금종, 청동으로 만든 북도 들어 있었거든요. 뜨거운 연기가 불상 가득 배어 들었지만 불길이 우리에게는 미치지 않아 말짱한 게 천만다행이었어요.

그날 밤 마을 사람들이 다 돌아가고, 주지 스님을 비롯하여 절에 있던 사람들도 어디론가 피난을 간 후였어요. 누군가가 조

심조심 대웅전으로 들어서는 소리가 들렸어요.

"드디어 우릴 구하러 왔나 봐!"

나는 반갑게 소리쳤어요. 그런데 뭔가 이상했어요.

"분명히 이 불상 안에 귀한 물건들이 들어 있다고 했지?"

그 사람은 갑자기 불상 뒤에 있는 여닫이문을 열고는 그 안에 든 것들을 마구 꺼내어 자루에 담았어요.

"에잇, 이건 책이잖아. 이깟 책 따위 돈도 안 될 텐데."

그 사람은 나를 꺼내서는 휙 던져 버렸어요. 어찌나 세게 던졌는지 그 바람에 겉표지와 맨 첫 장이 쭉 찢어지고 말았어요.

"으악!"

나는 그만 기절할 듯 놀랐어요. 내 얼굴이나 마찬가지인 겉표지와 첫 장이 떨어져 나가다니요! 흥덕사에서 태어난 후 이 집 저 집 옮겨 다니며 살았지만 이렇게 험한 대접은 처음이었어요.

"이런 고얀 놈! 당장 그 자리에서 고꾸라져 뒈져 버려라!"

화가 치솟은 난 얼굴에 털이 잔뜩 난 털보를 향해 고래고래 소리를 질렀어요. 하지만 그 소리는 그저 내 안에서만 맴돌 뿐 사람들 귀에는 들리지 않는 모양이었어요.

"울지 마. 누군가 저기 떨어진 겉표지와 첫 장을 주워서 다시 붙여 줄 거야. 암, 그렇고말고. 그러니 너무 서러워 말게나."

내 뒤를 이어 공중제비를 하며 내 옆으로 떨어진 짝꿍이 따스하게 위로해 주었어요.

"하지만 누가 오기도 전에 저 겉표지랑 첫 장이 아까 불을 끌 때 퍼부은 물에 다 젖고 말 걸세, 으흐흑……."

나는 봇물이 터지듯 울부짖었어요. 여태 아슬아슬하게 잘 살아왔건만 이렇게 망가진 내 자신이 너무나도 안타까웠어요. 그런데 자루를 메고 막 나가려던 키가 장대 같고 수염이 덥수룩한 털보가 갑자기 나와 짝꿍을 보며 고개를 갸우뚱거렸어요.

"맞아! 하찮은 책이라면 이렇게 불상 안에 모셔 둘 리가 없지. 에라, 모르겠다. 저것도 가져가자."

털보는 나와 짝꿍을 휙 집어서는 자루 속에 집어넣었어요. 한참 만에야 집으로 돌아온 털보는 자루 속에 든 물건을 꺼내어 흐뭇한 얼굴로 들여다보았어요. 하지만 나를 보더니 이내 쯧쯧

혀를 찼어요.

"이런 겉표지가 찢어지고 말았구먼. 제값을 받으려면 새 표지라도 만들어야군."

털보는 마을로 내려가 어떤 할아버지에게 일러 새 표지를 만들어 달라고 하였어요.

"영감, 젊은 시절 궁궐 도화서에서 일을 했으니 이런 책 표지쯤이야 너끈히 만들겠구려. 귀한 책이니 잘 만들어 주오. 여기 온전한 짝이 있으니 이걸 보고 만들면 되겠구려."

"음, 어디 보자."

할아버지는 짝꿍을 이리저리 들춰 보다가 알았다는 듯 내 겉표지를 만들기 시작했어요. 능화판 무늬가 그려진 비단에다 치자 즙을 내어 노랗게 칠을 한 후 다섯 개의 구멍을 뚫어 붉은 실로 튼튼하게 묶어 주었어요. 《직지》라는 내 이름과 하권이라는 표시도 해 주었고요.

"나는 헌 옷을 입고 있는데, 자넨 새 옷을 입었구먼. 하지만 뭐 어떤가. 우리가 이렇게 다시 세상 밖으로 나오게 된 것만으로도 기쁜 일이지."

짝꿍은 나를 보며 그제야 빙긋 웃었어요. 나는 새로 만든 겉표지가 어색했지만 짝꿍의 말대로 불길 속에서 다시 살아난 걸 그나마 다행으로 여길 수밖에요.

짝꿍아, 어디 있니?

　털보네 집에 있는 동안 나는 털보가 무슨 일을 하는 사람인지 짐작할 수 있었어요. 털보는 여기저기 흩어져 있는 왕릉이나 탑, 불상들을 돌아다니며 그 안에 든 유물을 훔치는 도굴꾼이었어요. 이번에 불상 안에 든 사리며 도자기, 금종, 청동 북 같은 걸 팔아서 큰돈을 손에 쥔 털보는 날마다 투전판을 돌아다니기 바빴어요.

"하하, 오늘은 내가 싹쓸이를 했구먼!"

털보는 집에 돌아와 엽전을 쏟아 놓으며 좋아했어요. 나와 짝꿍은 털보가 좋은 사람이 아니라는 걸 알자, 앞으로 무슨 일이 벌어질지 마음이 조마조마했어요.

그러던 어느 날, 무슨 영문인지 밖에 나갔다 들어온 털보는 화를 풀풀 냈어요.

"이런 젠장, 오늘은 돈을 몽땅 잃었으니 어쩐담!"

털보는 씨근덕거리며 한숨을 내쉬었어요. 그러고는 선반에 올려놓았던 나와 짝꿍에게 다가와 음흉한 눈빛을 번득였어요.

"하하, 내가 왜 그 생각을 미처 못했을까? 요즈음 불란서 영사관인가 어딘가에서 오래된 책을 산다는 방을 써 붙였다지? 그러자 먹고살 게 없는 사람들이 집안 대대로 내려오는 낡은 책들을 마구 내다 판다는 말도 들리고. 흐흐, 잘은 모르지만 저 책들은 분명 보통 책이 아닐 게다. 그러니 책값을 두둑하게 받을 수 있을 게야. 그 돈만 있으면…… 아이고, 생각만 해도 어깨춤이 저절로 나오는구먼. 당장 그 불란서 영사관인지 뭔지 가 보자!"

　털보는 봇짐을 들쳐 메고 나와 짝꿍을 허겁지겁 손에 들고는 밖으로 뛰쳐나갔어요.

　거리에는 많은 사람들이 지나다녔어요. 지게를 지고 가는 사람, 삿갓을 쓴 노인이며, 굴레를 쓰고 꽃댕기를 드리운 채 엄마 손을 잡고 아장아장 걸어가는 조그만 여자아이도 보였어요. 그런가 하면 바구니 가득 채소를 이고 가는 아낙네며, 나뭇짐을 지고 가는 더벅머리 총각도 보였고요.

　그런데 마음이 급한 털보가 막 길을 건너려 할 때였어요. 갑자기 말이 끄는 달구지를 몰고 오던 한 남자가 꽥 소리를 질렀어요.

　"아니, 이 사람아, 눈은 멋으로 달고 다니나? 앞을 보고 다녀야지!"

　"뭐어? 사람이 먼저지 달구지가 먼저냐?"

털보도 지지 않고 덤벼들어 소리쳤어요. 그러고는 더욱 씨근덕대며 바삐 길을 걸었어요. 그때였어요.

"앗, 짜, 짝꿍아!"

나는 깜짝 놀라 소리쳤어요. 털보가 팔을 어찌나 세게 흔들며 걸었던지 그만 짝꿍이 길에 떨어지고 만 거예요. 털보는 그런 줄도 모른 채 더욱 힘차게 앞으로 걸어갔어요.

"짝꿍아, 짝꿍아!"

나는 점점 더 다급하게 길바닥에 떨어진 짝꿍을 불렀어요. 그러자 당황한 짝꿍도 큰 소리로 외쳤어요.

"……제발, 나 좀 데리고 가 주게! 어서! 우린 꼭 함께 있어야 해! 그, 그리고……."

짝꿍의 목소리는 이제 들리지 않았어요. 바삐 오가는 사람들만 보일 뿐 짝꿍의 모습도 더 이상 보이지 않았어요.

"털보야, 이 바보 멍청이야, 얼른 달려가서 내 짝꿍 데려와! 어디에 정신이 팔려서 내 짝꿍이 떨어진 줄도 모르는 거야? 어서 가서 데려오란 말이다! 어서!"

나는 천둥 번개처럼 소리쳤어요. 길에 떨어진 짝꿍이 사람들의 발에 밟혔거나 지나가던 달구지 바퀴에라도 깔렸다면……. 아아, 상상하는 것만으로도 하늘이 무너지는 듯했어요. 하지만 털보는 아랑곳하지 않고 제 가던 길만 갈 뿐이었어요.

"아아, 짝꿍아, 이게 무슨 생이별이란 말이냐, 으흐흑……."

나는 자꾸만 뒤를 돌아보며 흐느껴 울었어요.

털보는 그런 줄도 모르고 사람들이 왔다 갔다 하는 큰 거리를 지나, 어느 붉은 벽돌 건물 앞에 우뚝 멈춰 섰어요. 이때까지 내가 한 번도 보지 못한 2층짜리 높다란 건물이었어요. 지붕에는 우뚝 솟은 옥탑까지 있고요.

"옳지, 여기가 바로 불란서 영사관이렷다. 옳지, 저기 고서를 산다는 방을 써 붙인 게 보이는구먼. 귀한 책을 가져왔으니 책값을 두둑하게 달라고 해야지."

털보는 벽에 걸린 글씨를 쳐다보며 들뜬 얼굴로 중얼거렸어요. 그러다가 그제야 눈이 휘둥그레져서는 손에 든 나를 바라보았어요.

"아니, 책 한 권이 어디로 갔지? 분명히 두 권 다 들고 나왔는데! 이런, 젠장! 멀쩡한 걸 어디다 흘리고 이렇게 겉장이 떨어진 것만 남아 있다니! 그나저나 이런 것도 사 주려나 몰라."

털보는 아쉬운 듯 입을 쩝쩝거리다가 붉은 벽돌 건물 안으로 들어갔어요. 짝꿍을 찾으러 갈 생각도 않고 말이에요.

"저, 여기서, 고서를 산다는 말을 듣고 이, 이걸…… 팔러 왔습지요."

안으로 들어간 털보는 쭈뼛거리며 말했어요.

"뭐? 나를 판다고?"

나는 그제야 털보가 무슨 일을 하려는지 알고는 깜짝 놀라 주변을 살펴보았어요.

"아, 서책을 팔러 왔군요."

갓을 쓴 선비 하나가 나를 받아들곤 이리저리 살폈어요. 그리고는 안으로 들어가더니 엽전 몇 개를 들고 나왔어요.

"자, 여기 있습니다. 겉표지도 새로 만들고 첫 장도 떨어지고 없는 데다가 상, 하 두 권이 다 있어야 하는데 달랑 하권 한 권뿐이니 이것밖에 드릴 수가 없군요. 만약 싫으시다면 그냥 가지

고 가도……."

"아, 아닙니다. 팔겠습니다. 하지만 제가 만약 나머지 한 권을 찾아오면 값을 열 배는 올려 주셔야 할 겁니다."

관리가 채 말을 마치기도 전에 털보는 얼른 관리의 손에서 엽전을 낚아채며 재차 물었어요.

"하하, 그렇게 합시다."

관리는 흔쾌히 대답했어요.

털보는 허리춤을 추키며 허둥지둥 밖으로 나갔어요. 어서 나머지 한 권을 더 찾아다가 돈을 올려 받아야지, 하고 중얼거리면서요.

"털보야, 제발, 짝꿍을 찾아오렴, 제발!"

나는 멀어지는 털보의 등 뒤에 대고 소리쳤어요. 털보의 하는 짓이 밉긴 해도 짝꿍을 데려다 줄 사람은 털보뿐이었으니까요.

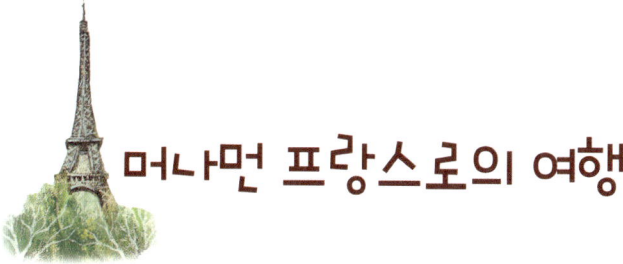

머나먼 프랑스로의 여행

관리는 나를 손에 들고 건물 안으로 들어갔어요. 방 안의 세간이며 치장한 모습을 본 순간 나는 문득 깨달았어요.

"요즈음 조선을 차지하려는 외국인들이 와 있다더니 이곳이 바로 그곳이구나. 여긴 미국 사람들이 있는 곳일까? 아니면 러시아나 프랑스 사람들일까?"

나는 그동안 주워들은 풍문을 떠올리며 중얼거렸어요. 이럴 때 짝꿍이 곁에 없다는 게 더욱 더 실감 났어요. 짝꿍이 있었다면 내 궁금증을 벌써 다 풀어 줬을 테니까요.

"플랑시 공사님, 소인이 방금 서책 한 권을 샀습니다. 한데 책의 상태를 보아하니 아무리 봐도 제가 잘못 사지 않았나 싶습니다만……."

관리는 자신 없는 목소리로 말했어요.

"어디 좀 봅시다."

구레나룻 수염에다 신식 양복을 입은 플랑시라는 사람은 나를 받아 들고는 안경을 낀 채 이리저리 들여다보았어요. 그리고 관리에게 다급하게 물었어요.

"이걸 판 사람이 어디 있습니까? 분명히 상권이 있을 텐데 왜 하권만 가져온 게지요? 당장 그 사람을 찾아가 상권도 있는지 물어보십시오!"

"그, 그러나 어디 사는 누구인지를 소인은 모릅니다. 하지만 그자가 나머지 서책을 찾는 대로 다시 가져와 값을 열 배로 올려 달라 말했으니, 곧 올 겁니다."

"으음, 알았으니 나가 보시오."

플랑시는 관리가 나가자마자 이번에는 책상 서랍에서 돋보기를 꺼내어 나를 이리저리 살펴보았어요. 그 순간 플랑시의 눈이 번쩍 뜨였어요.

"아니!"

나의 맨 마지막장 왼쪽에 두 줄로 내가 언제 어디서 어떤 방법으로 만들어졌는지 밝혀 둔 글귀를 본 거예요.

"이건 놀라운 책이야! 여기 적힌 대로 선광 7년, 즉 1377년에 금속 활자로 찍어 낸 거라면 구텐베르크가 1455년 찍어 낸 《42행 성서》보다 78년이나 앞선 거잖아. 이게 정말이라면 전 세계를 발칵 뒤집을 만한 사건이 될 거야. 이런 보물이 내 손에 들어오다니!"

플랑시는 감탄과 놀라움, 흥분으로 나를 보고 또 보았어요.

"하하, 원더풀! 원더풀! 내가 인쇄업자의 아들인 데다가 대학에서 중국어를 공부한 덕분에 한문을 적적 읽을 수 있어서 이런 보물을 알아본 게다! 옳지, 다른 사람들이 알 수 있도록 설명도

덧붙이는 게 좋겠군."

플랑시는 잔뜩 들떠서는 《직지》라고 쓴 제목 옆에다 '이 책은 1377년 대한제국에서 인쇄한 것으로 세계에서 가장 앞선 금속 활자 인쇄물이다.'라는 설명을 적었어요.

하지만 플랑시보다 더 놀란 건 나였어요.

"대체 이게 무슨 소리지? 세계에서 가장 앞선 금속 활자라니? 내가 그렇게 귀한 책이란 말인가?"

나는 기쁨보다 덜컥 걱정이 앞섰어요. 내가 그토록 중요한 책이라는 걸 조선 사람이 아닌 프랑스 사람이 먼저 알았으니, 장차 손에 꼭 쥐고 놓지 않을 게 뻔했으니까요. 그러고 보니 플랑

시 공사의 책상 위에는 온통 낡은 서책들이 수북이 쌓여 있었어요. 사무실 여기저기에 그림이며 도자기 같은 것들도 켜켜이 쌓여 있었고요.

"이 사람은 누구기에 이 나라의 서책들과 그림, 도자기들을 이렇게 많이 모으는 걸까?"

나는 플랑시라는 외국인이 누구인지 마냥 궁금했어요. 하지만 내 궁금증은 며칠이 지나지 않아 풀렸어요.

"저 사람은 주한 프랑스 초대 공사로 왔다가 돌아간 후, 이번에 다시 조선에 온 외교관 콜랭 드 플랑시란다. 역관의 도움 없이도 한문 서적을 읽을 만큼 중국어에 능통해서 조선에 온 후로 날마다 고서적을 사들이고 있다네. 벌써 천오백여 권에 이르는 서책을 모으고 책마다 속표지에 '갈(葛)'이라고 써 놓았지. 자신의 이름의 한자 표기를 '갈림덕'이라고 짓고는 모은 책에다가 늘 표시를 해 두는 거지."

플랑시의 사무실에 있던 오래된 도자기가 일러 주었어요.

그러고 보니 내 속표지에도 '갈'이라는 글씨를 써 둔 게 떠올랐어요.

"아니, 남의 나라 서책이며 문화재를 싼값에 사서 가져가는 건 도둑의 심보가 아닌가?"

나는 화가 나서 소리쳤어요.

"그뿐인 줄 알아? 플랑시는 그렇게 모은 책을 1년에 한 번씩 자기가 다니던 동양어 학교에 보내고 있어. 우리의 귀중한 자료들이 플랑시를 통해 프랑스로 보내지는 거라고. 어쩌면 우리도 그곳으로 가게 될지도 모르지."

"안 돼! 그건 안 돼! 난 짝꿍을 기다려야 한다고!"

나는 수많은 어려움 속에서도 늘 힘이 되어 주던 짝꿍이 한없이 그리웠어요.

"……제발, 나 좀 데리고 가 주게! 어서! 우린 꼭 함께 있어야 해! 그, 그리고……."

짝꿍의 마지막 외침이 백 번 천 번 귓가에 맴돌았어요. 짝꿍이 미처 하지 못한 말이 무엇이었을까, 밤낮으로 생각하고 또 생각해 보았지요.

그러던 어느 날, 플랑시는 북경 프랑스 대사관에서 근무를 하다가 조선으로 온 부하 직원 모리스 쿠랑에게 일렀어요.

"여보게, 이제부터 자네가 할 일을 일러 주겠네. 내가 조선에서 구한 서책들의 목록을 만들도록 하게."

"원래 조선은 아무리 가난한 집에도 서책이 있을 정도로 학문을 사랑하는 나라라고 들었습니다. 제가 그런 뜻있는 일을 하게 되다니 영광입니다."

모리스 쿠랑은 플랑시처럼 동양의 학문과 책에 관심이 많았어요. 그는 케케묵어 먼지가 풀풀 날리는 책 속에 파묻혀 한 권 한 권 그 책에 대해 적어 나가는 일을 보물찾기보다 더 재미있어 했어요.

그러던 어느 날 나를 집어 든 쿠랑이 소스라쳐 놀랐어요.

"이건 인쇄 혁명의 역사를 바꿀 귀중한 책이다! 내가 쓰고 있는 《조선서지》에 이 내용을 꼭 밝혀서 전 세계 사람들에게 알려야 한다!"

그는 잔뜩 흥분하여 외쳤어요. 하지만 나는 플랑시나 쿠랑의 말들이 다 건성으로 들렸어요. 아무리 기다려도 나타나지 않는 짝꿍에 대한 그리움 때문에 모든 게 다 시들했거든요.

그렇게 하루하루 시간이 흘러갔어요. 어느 날 플랑시는 들뜬 얼굴로 서재에 꽂혀 있는 나를 오랜만에 꺼내 들었어요.

"이 책을 이번 파리 만국 박람회에 내보이자! 동양의 작은 나라 대한제국에 이런 보물이 있다는 걸 알면 모두 놀랄 테지."

플랑시는 뿌듯한 듯 중얼거렸어요. 만국 박람회는 전 세계 여러 나라들이 전시관을 만들고는 자기네 문화를 소개하는 곳이라고 했어요. 그동안 플랑시가 벌써 몇 해 전부터 파리 만국 박람회 일로 여러 사람들을 만나 이야기하는 걸 들었거든요.

"뭐? 프, 프랑스 파리? 그렇다면 거긴 아주 먼 곳이잖아. 아아, 안 돼! 짝꿍을 만나기 전까진 난 여기서 꼼짝하지 않을 거라고!"

나는 프랑스 파리라는 말을 듣자마자 하늘이 무너진 듯 소스라쳐 놀랐어요. 내가 그렇게 멀리 떠나면 짝꿍이 돌아온다 해도 만날 수 없을 것 같은 두려움 때문이었어요.

"안 돼, 난 안 간다, 안 가!"

하지만 모든 건 내 뜻대로 되지 않았어요. 얼마 후, 나는 다른 책들과 함께 나무 상자에 담겨져 머나먼 프랑스를 향해 떠났어요. 인천항에서 배에 태워져 길고 긴 날을 파도에 흔들리며 하염없이 울었어요.

"짝꿍아, 지금 어디서 어떻게 지내고 있니? 난 멀고 먼 나라로 떠난단다. 늘 달래를 그리워하며 살았던 것처럼 너 또한 이젠 만날 수 없는 걸까? 아아, 그럴 수는 없어. 난 살아 있는 동안 널 기다릴 거야. 제발 그때까지 무사히 살아 있어만 다오!"

나는 그날 짝꿍이 길바닥에 떨어진 채 나에게 미처 하지 못한 말들도 나와 똑같을 거라는 생각이 들었어요. 다시 만날 때까지 부디 살아 있으라는…….

파리에 온 나는 사람들 손에 이끌려 만국 박람회가 열리는 '대한제국관'으로 갔어요.

나무로 지은 대한제국관은 마치 임금이 사는 궁궐처럼 우아하고 아름답게 보였어요. 오방색으로 단장한 건물에 하늘로 날아갈 듯 살짝 들어 올린 처마와 넓은 지붕, 건물을 따라 둘러싼 난간……. 모든 사람들의 입이 떡 벌어질 만큼 아름다웠어요. 알고 보니 한 프랑스 건축가가 임금이 일하는 경복궁 근정전을 본따서 지은 거래요.

"꼬레, 원더풀! 원더풀!"

사람들은 대한제국을 꼬레라 부르며 감탄했어요.

오랜 뱃멀미에 시달렸던 나도 모처럼 눈이 휘둥그레질 정도였으니까요.

전시관 안으로 들어가자 벽에는 하늘하늘한 명주 천이 걸려 있었어요. 그리고 용을 깎아 놓은 조각상이며 여러 가지 악기와 옷, 장신구, 나전 칠기, 도자기, 그림, 글씨 등이 벌써 진열되어 있었어요.

나는 그중에서 대한제국 인쇄술의 역사를 다룬 책들을 전시한 진열대에 올려졌어요.

그곳에는 나보다 늦게 태어난 계미자, 갑인자를 비롯해 여러 가지 활자로 찍어 낸 책들이 죽 놓여졌는데, 그 무엇보다 눈길을 끈 건 바로 나였어요. 사람들은 구텐베르크의 《42행 성서》보다 78년이나 앞서 나온 나를 보며 감탄했어요.

"이건 인쇄 역사를 다시 쓰게 할 귀중한 자료다!"

사람들은 흥분하여 떠들어 댔어요. 나는 누구보다 기뻤어요. 내가 세계에서 가장 먼저 금속 활자로 찍어 낸 책이라는 사실이 자랑스러워서만은 아니었어요.

"그래, 이렇게 내 존재가 알려지면 짝꿍을 찾는 일도 쉬워질 거야. 우리가 이렇게 귀한 책이라는 걸 알면 누군가 당장 가지고 올 테니까."

나는 상상만으로도 가슴이 떨렸어요. 짝꿍을 만나게 되면 프랑스에 대해 으스대며 이야기해 줘야지, 하고 속으로 중얼거리면서요. 하긴 만국 박람회 한 해 전에 세웠다는 에펠탑이 얼마나 높고 화려한지, 짝꿍이 상상이나 할 수 있을지 그게 문제지만요.

나는 다시 만나게 될 짝꿍을 떠올리며 들뜬 나날을 보냈어요. 하지만 참 이상한 일이었어요. 만국 박람회가 끝날 때까지 짝꿍을 찾았다는 소식은 들려오지 않았어요. 그 대신 오히려 나를 보며 빈정거리는 사람들이 있었어요.

"아니, 동양의 그 작은 나라에서 500여 년 전에 이걸 만들었다니 말도 안 돼."

사람들은 내가 최초의 금속 활자로 만든 책이라는 걸 믿지 않았어요.

"나라가 힘이 없으니 이렇게 푸대접을 받는구나. 이제 나는 어떻게 되는 걸까?"

잔뜩 기대를 했던 나는 그만 스르륵 정신을 잃고 말았어요.

다시 만나게 될 그날까지

그동안 어디서 무슨 일이 있었는지 나는 알 수 없었어요.

어두운 상자 속에 갇혀 내가 있는 곳이 어디인지도 모른 채 살았으니까요.

그러던 어느 날 오랜만에 플랑시가 나를 꺼냈어요. 몇 년 만에 보는 플랑시는 얼굴에 주름살이 많아지고 어쩐지 초라해 보였어요.

"너를 보니 조선에서의 일들이 하나둘 떠오르는구나. 참으로 아름다운 나라, 인정 많은 나라, 책과 그림과 도자기를 사랑하는 나라였는데……. 아아, 그 나라가 어쩌다가 일본의 손아귀에 들어가게 되었는지."

플랑시는 한숨을 내쉬었어요.

나는 플랑시의 말을 믿을 수가 없었어요.

"그렇다면 일본이 우리나라를 차지했단 말 아닌가? 아아, 나라가 망했는데 누가 나를 다시 내 나라로 데려다 줄 것이며, 누가 나를 찾으러 온단 말인가!"

나는 마냥 울고만 싶었어요. 하지만 플랑시는 내 기분은 아랑곳없이 나를 다른 책들과 함께 상자에 넣어서는 어디론가 데리고 갔어요. 그곳은 드루오 호텔에서 열리는 경매장이었어요. 수많은 사람들이 그림과 도자기, 오래된 물건 등 골동품을 들고 나와 사고파는 곳이었지요.

"이번에 플랑시가 동양에서 가져온 물건들을 경매장에 다 내놓았다며?"

사람들은 잔뜩 호기심에 차서 몰려왔어요.

오랜만에 환한 곳으로 나온 나는 정신이 얼떨떨했어요. 정신을 차리고 보니 플랑시가 그동안 동양에서 모은 책이며 도자기, 그림 등 다양한 물건을 내놓았다는 이야기가 들려왔어요.

플랑시가 내놓은 물건들은 동양을 좋아하는 사람들에게 엄청난 인기였어요. 물건이 나올 때마다 사람들은 너도나도 앞다퉈 사들이려 했어요. 그중에는 〈조선전도〉라는 지도도 있었어요. 울릉도와 독도가 그려진 조선 시대의 아주 귀한 지도였지요. 〈조선전도〉는 나오자마자 프랑스 국립 도서관에서 사들였어요.

"아, 나는 누구에게 팔려 갈 것인가……."

그때 내 차례가 되었어요. 사람들은 내가 구텐베르크의 《42행 성서》보다 78년이나 앞선 금속 활자본이라는 소개를 듣고는 서로 나를 차지하겠다고 야단이었어요. 사려는 사람이 많다 보니 값도 점점 올라갔어요. 그 순간 자리에 앉아 있던 점잖게 생긴 남자가 큰 소리로 외쳤어요.

"180프랑이오!"

"아, 앙리 베베르 씨가 180프랑을 불렀습니다. 그 이상을 원하시는 분은?"

사회자가 방 안을 둘러보며 물었어요. 하지만 누구도 쉽게 나서지 못했어요. 앙리 베베르라는 사람이 너무 높은 값을 부른 탓이었어요.

"자, 그럼 《직지》는 앙리 베베르 씨에게 낙찰되었습니다!"

쾅쾅 나무망치 두드리는 소리와 함께 나는 골동품 수집가인 앙리 베베르라는 사람에게 180프랑에 팔리고 말았어요. 비싼 값에 나를 사들인 앙리 베베르는 집에 오자마자 나를 서고에다 단단히 넣어 두었어요.

그 후로도 또다시 오랜 시간이 지나갔어요. 그러던 어느 날 크고 오래된 저택의 서고 문이 열리고, 나를 비롯해 그동안 앙리 베베르가 모은 책들이 어디론가 다시 실려 갔어요.

"이걸 어디로 가져가는 거지?"

"돌아가시기 전에 평생 모은 책이며 골동품을 프랑스 국립 도서관에 기증하라는 유언을 남기셨다잖은가."

두 하인이 주고받는 이야기가 어렴풋이 들려왔어요.

"이제 또 다른 곳으로 보내지는구나. 거기선 어떤 일이 나를 기다리고 있을까? 부디 그곳에서 좋은 일이 생겼으면!"

나는 덜컹거리는 차를 타고 가는 내내 빌고 또 빌었어요.

마침내 프랑스 국립 도서관으로 간 나는 겉표지에 도서 번호 109번, 기증 번호 9832번이라는 번호표가 찍힌 채 살아야만 했어요. 그리고 거기서 내 나이가 벌써 573세라는 것도 알게 되었어요. 하지만 달라진 건 아무것도 없었어요. 내가 사는 곳만 바뀌었을 뿐 나를 찾아오는 사람도, 나를 보고 싶어 하는 사람도 없이 그저 서고 속에 갇혀 있었으니까요.

새로운 곳에 오면 좋은 일이 생기리라 믿었던 나의 기대가 또 사라지고 만 거예요. 기다림에 지친 나는 점점 의욕을 잃어 갔어요.

그러던 어느 날 어디선가 들려오는 소리에 나는 화들짝 놀랐어요. 그 소리는 너무나도 낯익은 짝꿍의 목소리였어요. 나는 깜짝 놀라 사방을 둘러보았어요. 하지만 짝꿍의 모습은 어디에

도 보이지 않았어요.

"짝꿍아, 어디 있니? 어디 있어?"

나는 다급하게 물었어요. 그러자 어디선가 어렴풋이 짝꿍의 목소리가 다시 들려왔어요.

"넌 내 말을 잊었니? 견오백지천년이라던 내 말을? 힘을 내렴. 넌 언젠가 다시 고향으로 돌아갈 수 있을 거야. 반드시……."

짝꿍은 내게 간절하게 말했어요.

"그, 그래, 알았어. 그런데 너는 지금 어디 있니? 응?"

나는 또다시 짝꿍을 찾으며 물었어요. 하지만 짝꿍의 목소리는 더 이상 들려오지 않았어요.

"내가 꿈을 꾼 것일까?"

나는 깊은 잠에서 깨어나 몇 번이고 짝꿍의 말을 되뇌었어요. 그 순간 짝꿍이 내게 힘을 주러 왔다는 걸 깨달았어요.

"그래, 네 말이 맞아. 그동안 내가 잊고 있었어. 난 아주 귀한 책이야. 그러니 더욱 힘을 내야 해. 언젠가 내 고향, 내 나라로 돌아가 널 만나는 그날까지."

짝꿍의 목소리를 들은 후 나는 몇 번이나 다짐하였어요.

# 들려오는 기쁜 소식들

박병선 박사를 만난 후, 그동안 지내 온 수백 년 동안의 일들이 차례대로 떠올랐어요.

"내가 그렇게 많은 일들을 겪으며 살아왔다는 게 참 대견하구나."

흥덕사에서 태어나 달래를 만나고, 덕구네 집으로 갔다가 양진사를 만난 일이며, 바우 손에 들려져 나무 불상에 들어갔던

일, 짝꿍과 헤어진 일, 털보가 나를 플랑시에게 팔아넘긴 일……. 앙리 베베르 손에 들어오기까지의 그 숱한 만남과 헤어짐이 나에겐 큰 슬픔이었어요. 하지만 나는 박병선 박사를 만난 후 새로운 희망을 품게 되었어요.

"나의 대모라 불리는 박병선 박사님이 틀림없이 나를 구해 줄 거야!"

나는 날마다 박병선 박사를 기다렸어요.

그런데 이번에도 뭔가 이상했어요. '책의 역사' 전시와 그 이듬해 열린 '제29회 동양학 국제 학술 대회'에서도 모습을 보여 많은 사람들을 놀라게 한 나는 내가 태어난 고향으로 돌아가는 대신 다시 프랑스 국립 도서관 동양 문헌실로 온 거예요. 더군다나 다른 책들은 다시 서가에 꽂혔지만, 나만 유달리 조심스레 다루어져 캄캄한 금고 속에 들어가고 말았어요.

"대체 무슨 일이지? 날 좀 꺼내 줘! 박병선 박사님을 만나야 한다고! 박사님이라면 얼마든지 날 도와줄 텐데!"

나는 마구 소리쳤어요. 간신히 희망을 갖기 시작했는데, 또다시 굳게 닫힌 금고 속에 들어가게 되다니 믿을 수가 없었어요. 이럴 줄 알았으면 차라리 먼지를 수북이 뒤집어쓴 채 서가 귀퉁이에 꽂혀 있던 시절이 더 나았다는 생각이 들었어요.

그 순간 퍼뜩 한 가지 의문이 들었어요.

"도대체 나만 왜 이렇게 캄캄한 금고에 가두는 거지? 나를 보고 그토록 열광하던 대한민국 사람들은 왜 나를 데리러 오지 않는 거지? 내가 이렇게 갇혀 있는데, 박사님은 왜 나를 구해 주지 않는 걸까?"

나는 곰곰 추리를 해 보았어요. 한참 만에야 나는 내가 왜 금고에 갇히게 된 건지 깨달았어요.

"아, 그렇구나! 뒤늦게 내가 그토록 귀한 책이라는 걸 안 프랑스가 나를 대한민국에 돌려주지 않으려고 꽁꽁 감춰 둔 거야. 그러니 박사님도 나를 구해 줄 수 없는 거겠지."

다시 온몸에서 힘이 빠지고 서러움이 밀려왔어요. 박병선 박사를 만나 큰 기대를 했는데, 또다시 알 수 없는 나날을 어둠 속에서 지내야 한다는 게 너무나도 분했어요.

내가 태어난 흥덕사의 달콤한 꽃향기와 바람 소리, 석찬, 달잠, 묘덕 스님의 웃는 얼굴이며, 꽃밭에 앉아 나긋나긋한 목소리로 나를 읽던 달래도, 늘 내 곁을 지켜 주던 짝꿍도 눈물겹도록 그리웠어요.

그러던 어느 날 나는 소스라쳐 놀랐어요.

"앗!"

어느새 키가 더욱 작아지고 주름이 깊어진 박병선 박사가 너무나도 오랜만에 나를 만나러 온 거예요. 박병선 박사는 나를 보며 나지막하게 중얼거렸어요.

"미안하구나, 정말 미안하다. 직지 대모로 불리는 내가 너를 고국으로 데려갈 수가 없다니! 플랑시가 너를 강제로 빼앗아 온 게 아니라 누군가에게서 사서 가져왔다는 게 그 이유란다. 게다가 앙리 베베르가 경매를 통해 너를 산 후, 그의 유언에 따라 손자가 프랑스 국립 도서관에 너를 기증했으니 꼼짝없이 프랑스 소유라는 게다."

"그, 그래서요?"

나는 두려운 마음으로 물었어요. 박병선 박사는 마치 내 말을 알아듣기라도 한 듯 말을 이었어요.

"너를 찾은 후, 나는 다시 베르사유에 있는 프랑스 국립 도서관 별관에서 병인양요 때 약탈해 간 외규장각 도서를 찾아냈단다. 그러나 도서관의 비밀을 누설했다는 이유로 해고를 당하는 바람에 널 만나러 올 수 없게 되었지. 이제 나는 외규장각 도서가 대한민국으로 돌아가는 그날까지 그 일에 매달릴 작정이란다. 하지만 넌, 너는……."

박병선 박사의 주름진 얼굴에 눈물이 주르르 흘렀어요.

"다시는 내가 태어난 내 고향, 내 나라로 돌아갈 수 없다는 건가요?"

내 마음은 그 어느 때보다 슬펐어요. 기다리면 언젠가 고향으로 갈 수 있으리라 여기며 살았으니까요. 하지만 나는 곧 언젠가 돌아갈 수 있을 거라던 짝꿍의 말을 떠올리며 마음을 추스리기로 했어요.

"박병선 박사님, 난 울지 않을 거예요. 아직 내가 돌아갈 때가 되지 않았다면 더 기다릴게요. 달래와의 추억이 깃든 나라 대한민국으로 돌아가는 그날까지, 그리고 짝꿍을 만나게 되는 그날까지……. 그러니 박사님도 너무 슬퍼 마세요. 언젠가 좋은 날이 올 때까지 우리 함께 기다리기로 해요."

나는 어느새 박병선 박사를 위로하고 있었어요. 박병선 박사의 속마음을 누구보다 잘 알기 때문이었어요. 하지만 그 후 정말 놀라운 일이 벌어졌어요.

박병선 박사는 내게 기쁜 소식을 전해 주었어요. 나에 대해 알게 된 대한민국에서 나에 대한 관심이 점점 커지고 있다는 거예요. 대한민국에서 온 방송국이며 신문사 사람들이 프랑스 도서관의 허가를 얻어 나를 취재하기 시작했어요. 나와 똑같이 닮은 영인본을 만들기도 했고요.

그중에서도 가장 기쁜 소식은 바로 사람들이 짝꿍을 찾기 시작한 거예요.

내가 태어났던 흥덕사가 있던 청주에서는 《직지》의 나머지 상권을 찾아야 한다는 움직임을 모아 '직지 찾기 운동 본부'까

지 만들었대요. 짝꿍을 찾는 사람에게는 상금도 준다고 했고요.

"하하, 짝꿍을 찾는 사람에게 상금을 준다고?"

나는 오랜만에 웃음이 터져 나왔어요.

그뿐 아니라 사람들은 이제 멀리 중국에까지 가서 내 짝꿍을 찾으러 다녔어요. 또 '세계 최고의 금속 활자본 《직지》를 찾습니다.'라는 광고도 내고요. 흥덕사에서 태어난 나와 짝꿍뿐 아니라 우리와 같은 때에 태어난 또 다른 《직지》들을 찾는 운동을 펼치는 거예요. 그 후 기쁜 소식은 꼬리에 꼬리를 물고 이어졌어요.

"세상에, 내가 태어난 흥덕사 터를 찾아냈다니!"

나는 믿을 수 없었어요. 하지만 정말이었어요. 청주시에서 아파트를 짓기 위해 땅을 파헤치다가 흥덕사라는 절 이름이 새겨진 청동 북을 발견했다는 거예요. 금당터, 회랑터, 여러 건물이 들어서 있던 자리도 찾아내고요. 그뿐 아니라 지붕을 장식했던 치미와 기와 조각, 여러 가지 청동 제품들도 함께 찾아냈다는 소식이 들려왔어요.

"흥덕사 터를 발굴했으니 당장 절을 지어야 합니다!"

사람들은 불에 타서 언제 어떻게 사라졌는지 알 수 없는 흥덕사 금당을 새롭게 지었어요.

또 흥덕사 옆에다 '청주 고인쇄 박물관'도 세우고, 인쇄술의 발달 과정이며 흥덕사 터에서 발굴된 유물들도 전시해 놓았어요.

"아아, 빨리 그곳에 가 보았으면!"

나는 기쁨에 들떠 어쩔 줄 몰랐어요.

그러던 어느 날 방송국, 신문사에서 나온 사람들이 또 나를 취재하러 왔어요. 하긴 다른 때도 불쑥 취재를 하러 오곤 해서 이젠 별로 놀랄 일도 아니지만요.

그런데 이번에는 뭔가 달랐어요. 다른 때보다 한결 많은 취재진들로 도서관은 발 디딜 틈이 없을 정도였어요. 그때 취재진 사이에서 누구보다 기뻐하는 박병선 박사도 보였어요.

"앗, 박사님이구나!"

나는 오랜만에 박병선 박사를 만나게 되자 마냥 기뻤어요. 그 사이 몰라보게 쇠약해진 것 같았지만 그 눈빛과 목소리만은 여전했어요.

"이 책이 바로 《승정원일기》와 함께 2001년 유네스코 세계 기록 유산에 등록된 《직지》입니다!"

박병선 박사는 들뜬 목소리로 말했어요.

"뭐라고? 내가 '세계 기록 유산'에 올랐다니, 무슨 소리지?"

나는 갑자기 어리둥절할 따름이었어요. 그때 한 방송국 기자가 물었어요.

"이번에 구텐베르크의 《42행 성서》도 함께 세계 기록 유산에 뽑혔다지요?"

"네, 세계에서 가장 오래된 동, 서양의 금속 활자본이라는 데 의의를 둔 거지요. 이로써 우리의 《직지》가 《42행 성서》보다 앞섰다는 걸 자연스레 전 세계에 알린 계기가 되었답니다."

박병선 박사는 자랑스레 말했어요.

"세상에!"

어느덧 내가 태어난 지 625년이 되었대요. 오랜 시간을 견디고 이렇게 전 세계 사람들 앞에 우뚝 서게 된 게 마냥 자랑스러웠어요. 그동안의 모든 고통과 슬픔이 날아갈 만큼 기분이 좋았고요. 그러자 어려움을 함께 견디던 짝꿍의 얼굴이 더욱 그리워졌어요.

"이 기쁨을 짝꿍과 함께했더라면 얼마나 좋았을까."

나는 생각할수록 가슴이 아팠어요.

그때 한 기자가 안타까운 듯 물었어요.

"대부분의 세계 기록 유산들이 자기 나라에 있건만, 우리나라의 《직지》는 이렇게 프랑스에 있다는 사실이 참으로 안타까울 뿐입니다. 하지만 우리 국민 모두가 간절히 원한다면 언젠가는 《직지》가 우리 품으로 돌아오지 않을까요?"

"물론입니다. 저도 꼭 그날이 오리라 믿고 있습니다. 지금 당장이 아니라 장차 10년 후, 혹은 100년 후가 될지라도, 저는 《직지》의 주인인 우리에게 돌려줘야 한다고 생각합니다. 그리고 그때까지 우리 선조가 만든 《직지》는 결코 변하지 않으리라는 걸 저는 믿고 있습니다."

박병선 박사는 나를 보며 힘주어 말했어요.

그 순간 나는 눈물이 날 것만 같았어요.

"아, 박병선 박사님도 짝꿍과 똑같은 생각을 하고 있었구나. 그래, 난 돌아갈 거야! 내 고향으로 돌아가는 그날까지, 내 짝꿍을 다시 만나는 그날까지 꿋꿋하게 기다릴 테야. 나는 《직지》니까! 천년만년 영원히 살아남을 《직지》니까!"

나는 큰 소리로 외쳤어요.

그러자 박병선 박사는 나를 보며 슬며시 미소를 지었어요. 그

순간 나는 박병선 박사의 얼굴에서 달래의 모습을 보았어요. 노랑 저고리와 꽃분홍 치마를 입고 살랑살랑 사랑채로 들어서던 꽃다운 달래를 말이에요. 달래는 나를 향해 방긋 웃으며 어서 오라는 듯 손짓까지 하는 거예요.

"달래야, 달래야! 기다리렴, 꼭 갈게. 나는 꼭 돌아갈 거야!"

나는 그 어느 때보다 힘차게 소리쳤어요.

|부록|

위대한 문화유산 《직지》

위대한 문화유산 《직지》

《직지》를 소개합니다!

《직지》는 고려 시대의 승려 백운화상이 정리한 내용을 금속 활자로 남긴 책이에요. 이 책의 본래 이름은 《백운화상초록불조직지심체요절》이지만 《직지》라고 줄여 부르는 이름으로 더 유명해요. 《직지》는 상하 두 권으로 구성되어 당시에는 100여 권 정도 만들어졌다고 추측하지만, 현재는 하권 한 권만 프랑스 국립 도서관에 남아 있답니다.

《직지》에 대해 더 알아볼까요?

《직지》의 마지막 장에는 이 책이 언제, 어디서 그리고 어떻게 만들어졌는지에 대한 정보가 담겨 있어요. 그 내용을 살펴보면, 이 책을 지은 백운화상이 불도의 깨달음을 얻기 위한 마음가짐과 행동거지에 대한 가르침 중에서도 특히 중요한 부분을 뽑아 수록했다고 소개하고 있어요. 또 고려 시대 우왕 3년인, 1377년에 청주 변두리에 있는 흥덕사에서 금속 활자로 인쇄해 만들었다는 내용도 함께 전하지요.

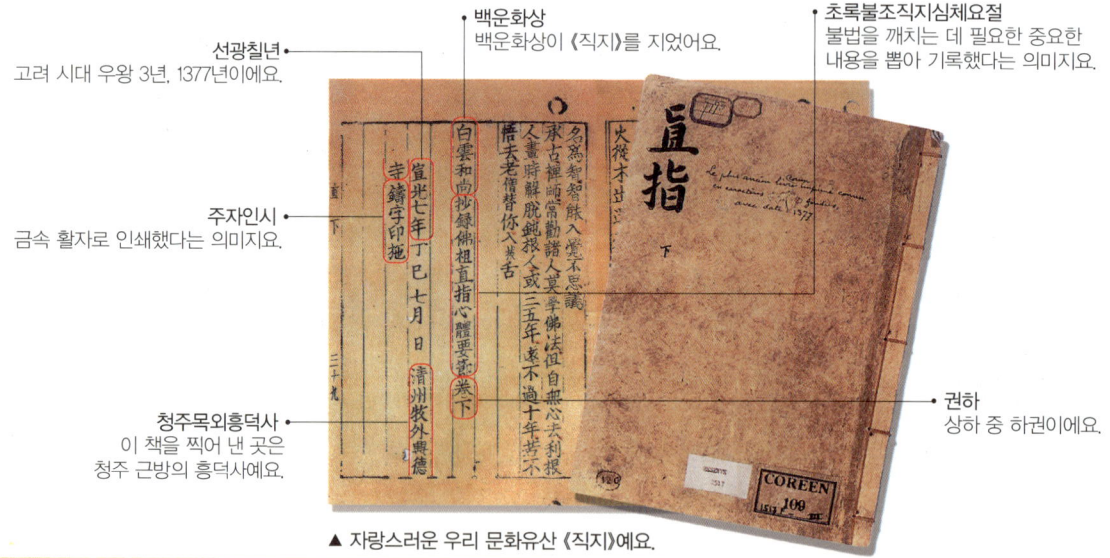

- **선광칠년** 고려 시대 우왕 3년, 1377년이에요.
- **백운화상** 백운화상이 《직지》를 지었어요.
- **초록불조직지심체요절** 불법을 깨치는 데 필요한 중요한 내용을 뽑아 기록했다는 의미지요.
- **주자인시** 금속 활자로 인쇄했다는 의미지요.
- **청주목외흥덕사** 이 책을 찍어 낸 곳은 청주 근방의 흥덕사예요.
- **권하** 상하 중 하권이에요.

▲ 자랑스러운 우리 문화유산 《직지》예요.

《직지》는 어디에 있어요?

《직지》는 지금까지 발견된 금속 활자 인쇄물 중에서도 가장 오랜 역사를 가진 책이에요. 그 가치가 전 세계에 알려지면서 2001년 9월 4일 '유네스코 세계 기록 유산'으로 등재되었고요. 고려 시대에 만들어진 자랑스러운 우리 문화유산이지요. 그런데 정작 이 책은 우리나라가 아닌 머나먼 프랑스에서 보관하고 있답니다. 프랑스 국립 도서관에서는 《직지》를 귀한 책으로 여겨 단독 금고에 소중하게 보관하고 있어요.

▲ 프랑스 국립 도서관이에요.

《직지》는 흥덕사에서 만들었어요!

1984년 청주에서 주택지 공사를 하던 중 우연히 절에서 사용하던 물건들이 발견되었어요. 특히 '흥덕사'라는 이름이 새겨진 북과 그릇이 확인되면서 그곳이 흥덕사 터라는 것이 밝혀졌지요. 학자들은 발견된 유물을 통해 흥덕사의 역사를 유추할 수 있었답니다. 삼국 시대 절의 특성을 간직한 흥덕사는 금속 활자 인쇄술의 중심에 선 곳이에요. 흥덕사 터는 팔각 지붕 금당과 삼층석탑이 복원되며 1986년에 사적 제315호로 지정되었어요.

▼ 흥덕사에서 부처님을 모셨던 금당을 그 모습 그대로 복원했어요.

《직지》의 역사

《직지》의 탄생

《직지》를 쓴 백운화상은 '백운'이라는 호를 가진 고려 시대의 승려 경한이에요. 1299년 전라북도 정읍에서 태어나, 승려가 된 후 우리나라 각지의 절을 다니면서 수행을 했어요. 그러다가 중국의 석옥 선사에게 불법을 이어받고 돌아와 제자들을 가르치며 불도의 깨우침을 전했지요. 백운화상은 1372년 상하 두 권으로 《직지심체요절》을 썼어요. 그리고 백운화상이 세상을 떠난 지 3년째 되던 해에는, 백운화상의 제자였던 석찬, 달잠, 묘덕 스님이 스승의 가르침을 널리 알리고자 금속 활자 인쇄본 《직지》를 만들게 되었답니다.

▲ 콜랭 드 플랑시예요.

프랑스로 간 《직지》

우리 고려의 기술로 만들어진 《직지》는 현재 프랑스 국립 도서관 동양 문헌실에 보관되어 있어요. 1886년 우리나라와 프랑스 사이의 수호 통상 조약이 맺어진 뒤, 주한 대리 공사로 부임한 콜랭 드 플랑시는 우리나라의 고서와 각종 문화재를 수집했어요. 그의 귀국길에 《직지》는 프랑스까지 건너가게 되었지요. 이후에 플랑시가 경매에 내놓은 《직지》를 골동품 수집가 앙리 베베르가 180프랑에 구입하게 되었고, 베베르는 프랑스 국립 도서관에 《직지》를 기증했답니다.

《직지》의 첫 번째 외출

《직지》가 처음 존재를 드러낸 것은 1900년 프랑스 파리에서 열린 만국 박람회를 통해서랍니다. 이때 대한제국관의 전시 목록에는 《직지》가 포함되어 있어요. 《직지》는 구텐베르크의 《42행 성서》보다 앞선 금속 활자본으로 세계인의 이목을 집중시켰고, 이로 인해 우리나라의 인쇄·출판 문화 역시 뜨거운 관심을 받게 되었어요.

▲ 세계만국박람회에 선보인 대한제국관 모습이에요.

《직지》를 찾아라!

박병선 박사는 '직지 대모'라는 별명으로 더 유명해요. 1967년부터 프랑스 국립 도서관에서 사서로 근무하며 《직지》를 찾아내고, 이후 1972년 파리에서 열린 '세계 도서의 해' 전시회에서 《직지》가 구텐베르크의 《42행 성서》보다 78년이나 앞선 금속 활자본이라는 사실을 입증해 전 세계를 발칵 뒤집어 놓았지요.

▲ 박병선 박사예요.

유네스코 세계 기록 유산과 직지의 날

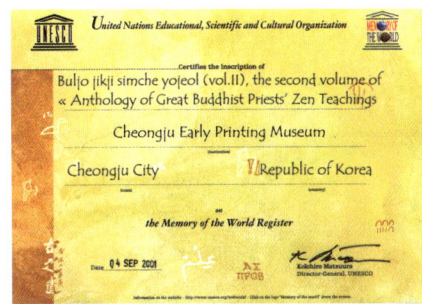
▲ 《직지》의 유네스코 세계 기록 유산 인증서예요.

유네스코는 1978년부터 '세계 유산 협약'에 따라 인류 전체를 위해 보호할 만한 가치가 있는 세계의 유산을 가려내고 '유네스코 세계 유산'으로 등록해 보호하지요. 현전하는 세계에서 가장 오래된 금속 활자본으로 꼽히는 《직지》는 2001년 9월 4일 '유네스코 세계 기록 유산'으로 등재되었어요. 이를 기념하기 위해 2003년부터 매년 9월 4일을 '직지의 날'로 정했지요.

《직지》와 직지상

유네스코에서는 2004년부터 세계기록유산의 보호와 활용에 크게 기여한 이들에게 상을 주겠다고 발표했어요. 이 상의 이름을 '직지 세계 기록 유산상' 또는 '직지상'이라고 하지요. 세계 최고의 금속 활자본인 《직지》의 가치를 그만큼 높게 평가한 것이랍니다. 직지상은 2005년부터 2년에 한 번씩 시상하고 있어요.

▲ 직지상의 상패예요.

동양과 서양의 금속 활자 인쇄술

고려 시대의 금속 활자

▲ 12세기경 고려에서 만든 '복' 활자예요.

보관 중에 갈라지는 목판 활자의 단점을 보완하고자, 고려에서는 금속으로 활자를 만들었어요. 누구보다 앞선 고려의 금속 활자 기술을 전 세계에 알리게 된 계기는 《직지》의 발견이에요. 특히 고려의 중앙 관서가 아닌 지방의 절에서 금속 활자를 만들었다는 사실은 당시 금속 활자에 의한 인쇄술이 상당히 발달하였음을 짐작하게 하지요.

금속 활자를 만들어 인쇄하는 과정

① 글자본 정하기
글자의 크기나 개수를 정하여 활자를 만들 글자본을 고릅니다.

② 밀랍자 만들기
밀랍판에 글자본을 뒤집어 붙여 양각으로 새긴 후, 낱개로 잘라 밀랍자를 만듭니다.

③ 밀랍자 가지 만들기
밀랍봉에 밀랍자 가지를 만들고 가지 끝에 완성된 밀랍자를 하나씩 붙입니다.

④ 거푸집 만들기
밀랍 가지에 흙을 발라 거푸집을 만들고, 굳으면 열을 가해 밀랍 글자를 녹여 냅니다.

⑤ 쇳물 붓기
아직 거푸집에 온기가 있을 때, 밀랍이 빠진 공간에 녹인 쇳물을 붓습니다.

⑥ 활자 가지 빼내기
쇳물이 식어 단단히 굳으면 거푸집을 부수고 활자 가지를 빼냅니다.

⑦ 활자 다듬기
활자 가지에 달린 활자를 하나씩 떼어 내고 다듬어 활자를 완성합니다.

⑧ 조판하기
인쇄할 책의 내용에 따라 활자를 뽑아 정리하고, 밀랍으로 고정합니다.

⑨ 인쇄하기
활자판에 기름먹을 칠하고, 한지를 덮어 골고루 문질러 찍어 냅니다.

구텐베르크와 《42행 성서》

요하네스 구텐베르크는 서양에서 최초로 금속 활자 인쇄술을 발명한 독일의 금 세공업자예요. 그는 금속 세공 기술을 바탕으로 인쇄용 활자를 주물로 뜨는 법과 인쇄용 기계, 인쇄용 잉크를 고안해 냈지요. 금속 활자에 잉크와 목판 인쇄기를 함께 사용해 대량 생산까지 가능하게 했던 점은 그의 가장 큰 업적이에요. 그는 1455년 무렵 《42행 성서》를 완성했고, 대량으로 인쇄된 성경은 유럽 사회 전역으로 퍼지며 많은 사람을 일깨우고 문명의 발달을 이루었어요. 《42행 성서》는 오늘날까지도 약 40여 권이 전해진답니다.

▶ 42줄로 성서의 내용을 전한 《42행 성서》예요.

▶ 요하네스 구텐베르크예요.

서양의 금속 활자

구텐베르크의 《42행 성서》는 최초의 서양 금속 활자본이에요. 이전에 손으로 옮겨 적어 보관하던 성경의 내용을 우수한 인쇄 기술을 바탕으로 대량 생산을 할 수 있게 된 것이지요. 구텐베르크의 금속 활자는 360℃에 녹는 납을 이용했기에, 1200℃에서 녹는 청동을 이용한 우리의 금속 활자보다 비교적 간단히 만들 수 있었어요. 특히 인쇄기의 사용으로 하루에 몇 백 장도 찍어 낼 수 있었지요. 구텐베르크의 금속 활자로 일부 성직자와 지식인만 볼 수 있던 책이 많은 사람들이 쉽게 읽을 수 있을 만큼 대중화된 거예요. 금속 활자를 이용한 인쇄물은 종교 개혁 운동 등 사회 변혁을 일으켰고, 문화적으로도 르네상스 시대를 만들게 되었어요.

▲ 구텐베르크의 인쇄소 모습이에요.

《직지》를 찾아가는 여행

《직지》를 찾기 위한 노력

우리의 소중한 문화유산 《직지》를 되찾기 위해 여러 가지 노력이 이뤄지고 있어요. 특히 1997년 3월 청주 시민회에서 시작된 '직지 찾기 운동'을 통해 본격적으로 《직지》를 찾는 목소리를 키웠지요. 그 뒤로 청주 고인쇄 박물관까지 힘을 합쳐 잃어버린 《직지》의 나머지 짝을 찾기 위해 지속적인 활동을 펼치고 있어요. 《직지》의 가치를 보다 많은 사람들에게 알리기 위해 청주시가 나서서 2년에 한 번씩 '청주 직지 축제'를 열기도 했고요. 하지만 아쉽게도 아직까지 또 다른 《직지》를 찾지 못했어요. 하루 빨리 소중한 우리 문화유산을 찾고, 우리 곁에 오래 두어 보존할 수 있도록 해야 해요.

자랑스러운 우리나라 인쇄술의 역사를 지키기 위한 노력이 필요해요. 《직지》를 찾는 운동에서 그치지 않고 삼국 시대의 목판본 《무구정광대다라니경》을 비롯해 고려 시대 금속 활자본 《남명천화상송증도가》, 《상정예문》 등의 원본을 찾는 운동으로까지 확대되어야 해요.

청주 고인쇄 박물관과 《직지》

흥덕사 터를 발견한 뒤 옛 금당의 모습을 복원하여, 그 일대를 사적지 제315호로 지정하여 보호하고 있어요. 또한 그 옆에는 청주 고인쇄 박물관까지 지었지요. 청주 고인쇄 박물관은 1992년 문을 연 이후, 우리나라는 물론 세계의 인쇄 발달 과정까지 한눈에 살필 수 있도록 인쇄 문화에 대한 전시를 총망라하고 있답니다. 특히 삼국 시대부터 이어진 인쇄 도구와 그렇게 만들어진 인쇄물은 물론, 흥덕사 터에서 발굴한 유물까지 함께 전시되어 있어요. 《직지》에 대해 더 많은 것을 알고 싶으면 청주 고인쇄 박물관에 가 보는 것도 좋아요.

청주 고인쇄 박물관에 찾아가 볼까요?

관람 시간 오전 9시~오후 6시
관람료 무료
휴관일 매주 월요일, 1월 1일, 설날, 추석날
주소 충북 청주시 흥덕구 직지대로 713 (운천동)
문의 043-201-4266
홈페이지 http://jikjiworld.cheongju.go.kr